매일 성장하는 초등 자기개발서

ⓦ 완자
공부력

Q 왜 공부력을 키워야 할까요?

쓰기력

정확한 의사소통의 기본기이며 논리의 바탕

연필을 잡고 종이에 쓰는 것을 괴로워한다!
맞춤법을 몰라 정확한 쓰기를 못한다!
말은 잘하지만 조리 있게 쓰는 것이 어렵다!
그래서 글쓰기의 기본 규칙을 정확히 알고
써야 공부 능력이 향상됩니다.

어휘력

교과 내용 이해와 독해력의 기본 바탕

어휘를 몰라서 수학 문제를 못 푼다!
어휘를 몰라서 사회, 과학 내용 이해가 안 된다!
어휘를 몰라서 수업 내용을 따라가기 어렵다!
그래서 교과 내용 이해의 기본 바탕을
다지기 위해 어휘 학습을 해야 합니다.

독해력

모든 교과 실력 향상의 기본 바탕

글을 읽었지만 무슨 내용인지 모른다!
글을 읽고 이해하는 데 시간이 오래 걸린다!
읽어서 이해하는 공부 방식을 거부하려고 한다!
그래서 통합적 사고력의 바탕인 독해 공부로
교과 실력 향상의 기본기를 닦아야 합니다.

계산력

초등 수학의 핵심이자 기본 바탕

계산 과정의 실수가 잦다!
계산을 하긴 하는데 시간이 오래 걸린다!
계산은 하는데 계산 개념을 정확히 모른다!
그래서 계산 개념을 익히고 속도와 정확성을
높이기 위한 훈련을 통해 계산력을 키워야 합니다.

세상이 변해도
배움의 즐거움은
변함없도록

시대는 빠르게 변해도
배움의 즐거움은
변함없어야 하기에

어제의 비상은
남다른 교재부터
결이 다른 콘텐츠
전에 없던 교육 플랫폼까지

변함없는 혁신으로
교육 문화 환경의 새로운 전형을
실현해왔습니다.

비상은 오늘, 다시 한번
새로운 교육 문화 환경을 실현하기 위한
또 하나의 혁신을 시작합니다.

오늘의 내가 어제의 나를 초월하고
오늘의 교육이 어제의 교육을 초월하여
배움의 즐거움을 지속하는 혁신,

바로, 메타인지 기반 완전 학습을.

상상을 실현하는 교육 문화 기업 비상

메타인지 기반 완전 학습

초월을 뜻하는 meta와 생각을 뜻하는 인지가 결합한 메타인지는
자신이 알고 모르는 것을 스스로 구분하고 학습계획을 세우도록 하는
궁극의 학습 능력입니다. 비상의 메타인지 기반 완전 학습 시스템은
잠들어 있는 메타인지를 깨워 공부를 100% 내 것으로 만들도록 합니다.

한자 카드

카드를 활용하여 이 책에서 배운 한자와 어휘를 복습해 보세요.

※ 점선을 따라 뜯어요.

얼굴/겉 면

면도(面刀) | 내면(內面)
화면(畫面) | 장면(場面)

visang

입 구

인구(人口) | 식구(食口)
비상구(非常口)
이목구비(耳目口鼻)

visang

손 수

박수(拍手) | 악수(握手)
수첩(手帖) | 수족(手足)

visang

힘 력

노력(努力) | 실력(實力)
체력(體力) | 속력(速力)

visang

마음 심

안심(安心) | 심장(心臟)
양심(良心) | 심신(心身)

visang

가르칠 교

교사(教師) | 교실(教室)
교육(教育) | 교과서(教科書)

visang

날 생

생명(生命) | 생활(生活)
인생(人生) | 발생(發生)

visang

배울 학

학교(學校) | 학생(學生)
입학(入學) | 방학(放學)

visang

먼저 선

선두(先頭) | 선조(先祖)
우선(于先) | 선생(先生)님

visang

집 실

실내(室內) | 거실(居室)
화장실(化粧室)
보건실(保健室)

visang

산 산

등산(登山) | 강산(江山)
산사태(山沙汰)
산수화(山水畫)

visang

흰 백

백군(白軍) | 백조(白鳥)
흑백(黑白) | 명백(明白)

visang

푸를 청

청자(青瓷) | 청소년(青少年)
청록색(青綠色)
청포도(青葡萄)

visang

꽃 화

화단(花壇) | 화분(花盆)
화초(花草) | 무궁화(無窮花)

visang

풀 초

초록(草綠) | 초원(草原)
약초(藥草) | 초식(草食)

visang

바를 정

공정(公正) | 정답(正答)
정직(正直)
정삼각형(正三角形)

visang

북쪽 북

북극(北極) | 북상(北上)
북한(北韓)
북두칠성(北斗七星)

visang

동쪽 동

동풍(東風) | 동해(東海)
동대문(東大門)
동서양(東西洋)

visang

모/방향 방

방법(方法) | 방향(方向)
사방(四方) | 지방(地方)

visang

평평할 평

수평(水平) | 평등(平等)
평소(平素) | 평야(平野)

visang

ω 완자

공부력

초등 전과목
한자 어휘 1B

ω 완자

초등 전과목 한자 어휘
1A-2B 구성

한자 학습

1A	日 날 일	月 달 월	火 불 화	水 물 수	木 나무 목
	金 쇠 금	土 흙 토	天 하늘 천	地 땅 지	人 사람 인
	父 아버지 부	母 어머니 모	入 들어갈 입	門 문 문	家 집 가
	上 위 상	中 가운데 중	下 아래 하	大 큰 대	小 작을 소
1B	手 손 수	口 입 구	面 얼굴/겉 면	心 마음 심	力 힘 력
	學 배울 학	生 날 생	敎 가르칠 교	室 집 실	先 먼저 선
	靑 푸를 청	白 흰 백	山 산 산	草 풀 초	花 꽃 화
	東 동쪽 동	北 북쪽 북	正 바를 정	平 평평할 평	方 모/방향 방
2A	秋 가을 추	冬 겨울 동	名 이름 명	食 먹을/밥 식	物 물건 물
	前 앞 전	內 안 내	外 바깥 외	子 아들 자	老 늙을 로
	自 스스로 자	立 설 립	空 빌 공	氣 기운 기	海 바다 해
	安 편안할 안	全 온전할 전	活 살 활	車 수레 차	道 길 도
2B	時 때 시	間 사이 간	年 해 년	世 세상 세	來 올 래
	文 글월 문	問 물을 문	主 주인 주	語 말씀 어	話 말씀 화
	百 일백 백	萬 일만 만	數 셈 수	直 곧을 직	重 무거울 중
	韓 나라 한	愛 사랑 애	民 백성 민	市 시장 시	長 긴 장

중요 한자를 학습하고, 한자에서 파생된
전과목 교과서 어휘의 실력을 키워요!

교과서 어휘 학습

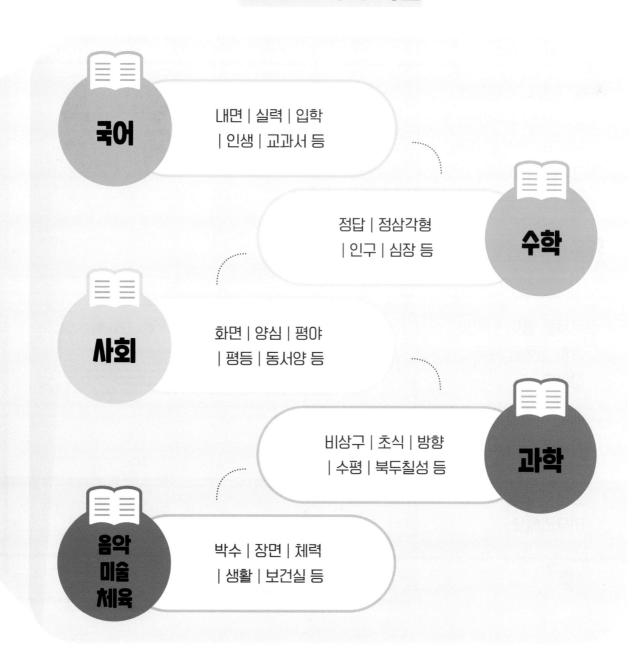

국어
내면 | 실력 | 입학
| 인생 | 교과서 등

수학
정답 | 정삼각형
| 인구 | 심장 등

사회
화면 | 양심 | 평야
| 평등 | 동서양 등

과학
비상구 | 초식 | 방향
| 수평 | 북두칠성 등

**음악
미술
체육**
박수 | 장면 | 체력
| 생활 | 보건실 등

특징과 활용법

하루 4쪽 공부하기

✱ 그림과 간단한
설명으로 오늘 배울
한자를 익혀요.

✱ 해당 한자가 들어간
교과서 필수 어휘를
배우고, 확인 문제로
그 뜻을 이해해요.

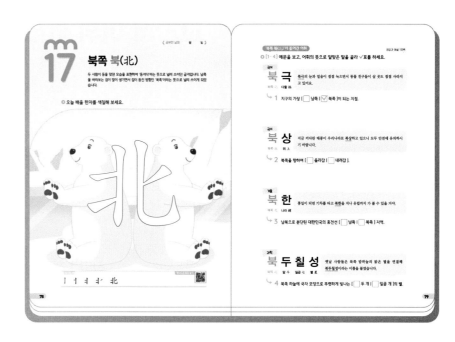

✱ 문제를 풀며 한자와
어휘 실력을 모두
잡아요.

✱ 배운 어휘를 직접
사용해 보며 표현력을
기르고, 한자를
쓰면서 오늘 학습을
마무리해요.

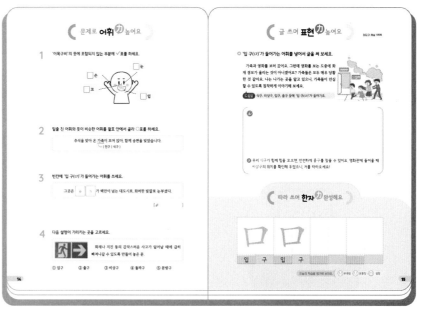

◇ 책으로 하루 4쪽 공부하며, 초등 어휘력을 키워요!

◇ 모바일앱으로 공부한 내용을 복습하고 몬스터를 잡아요!

공부한 내용 확인하기

모바일앱으로 복습하기

 앱 다운받기

 책 인증하기

✳ 그날 배운 내용을 바로바로,
또는 주말에 모아서 복습하고,
다이아몬드 획득까지!
공부가 저절로 즐거워져요!

✳ 5일 동안 배운 한자가 포함된
글을 읽고, 문제를 풀면서 독해력을
키워요. 💡

✳ 중요 한자성어를 실생활에서 사용할
수 있도록 배워요.

✳ 다양한 어휘 놀이로 5일 동안 배운
어휘를 재미있게 정리해요.

차례

한 친구가
작은 습관을 만들었어요.

매일매일의 시간이 흘러
작은 습관은 큰 습관이 되었어요.

큰 습관이 지금은 그 친구를 이끌고
있어요. 매일매일의 좋은 습관은
우리를 좋은 곳으로 이끌어 줄 거예요.

우리도
하루 4쪽 공부 습관!
스스로 공부하는 힘을
키워 볼까요?

손 수(手)

다섯 손가락의 손 모양을 본뜬 글자로, '손'을 뜻하고 '수'라고 읽습니다.

◉ 오늘 배울 한자를 그림 속에서 찾아보세요.

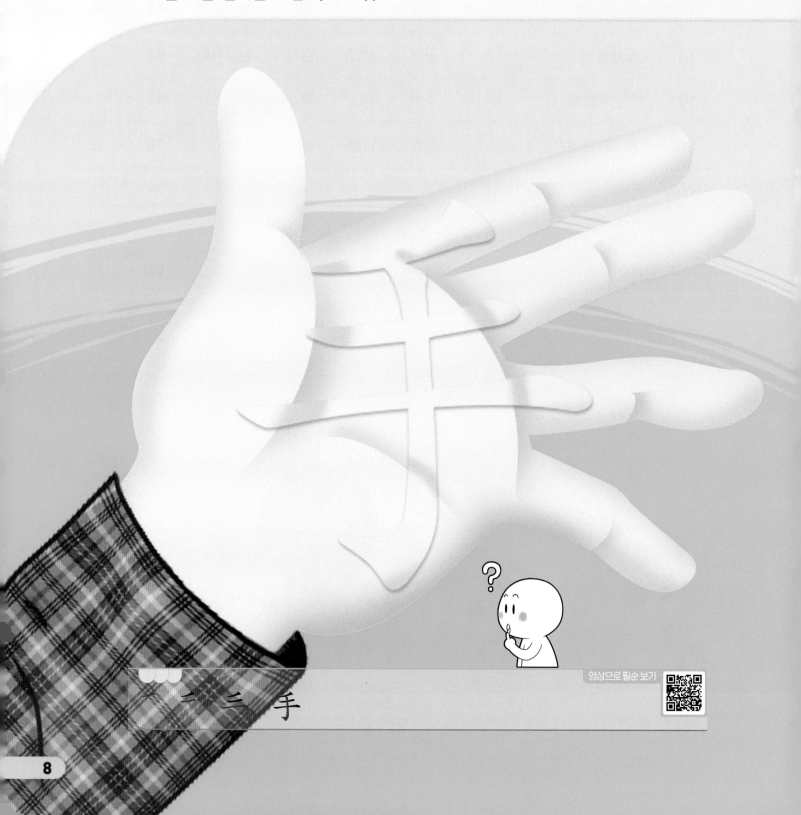

영상으로 필순 보기

一 二 三 手

정답과 해설 104쪽

○ [1~4] 예문을 보고, 어휘의 뜻으로 알맞은 말을 골라 ✓표를 하세요.

음악

박 수
칠 拍　손 手

클래식 공연을 관람할 때에는 악곡이 모두 끝날 때에만 박수를 친다.

↳ 1 두 [✓ 손뼉 | ☐ 손등]을 마주해서 치는 것.

국어

악 수
쥘 握　손 手

오늘도 만나서 반갑습니다. 오른손을 내밀어 악수를 합시다.

↳ 2 인사나 화해 등의 뜻으로 서로 [☐ 손 | ☐ 팔]을 내어 마주 잡는 일.

겨울

수 첩
손 手　문서 帖

개구리가 어디로 사라졌을지 탐정 수첩에 써 봅시다.

↳ 3 가지고 다니는 조그마한 [☐ 공책 | ☐ 연필].

수 족
손 手　발 足

아이는 이마에 차가운 수건이 닿을 때마다 수족을 움찔거렸다.

↳ 4 [☐ 손과 팔 | ☐ 손과 발]을 아울러 이르는 말.

1 '손 수(手)'를 넣어, 빈칸에 공통으로 들어갈 어휘를 쓰세요.

> • 학생 [ㅅ][ㅊ] 에 수업 시간표가 적혀 있다.
>
> • 기자는 주머니에서 펜과 [ㅅ][ㅊ] 을 꺼냈다.

[✎   ]

2 밑줄 친 말과 뜻이 가장 비슷한 ✔표를 하세요.

> 우리는 화해의 뜻으로 <u>악수를 했다</u>.

☐ 두 손을 맞잡았다   ☐ 두 팔로 끌어안았다   ☐ 두 손을 마주쳤다

3 '박수(拍手)'가 알맞게 쓰인 문장의 기호를 쓰세요.

> ㉠ 사람들은 붙잡힌 범죄자를 향해 아낌없는 <u>박수</u>를 보냈다.
> ㉡ 포기하지 않고 끝까지 달린 선수에게 사람들은 <u>박수</u>를 보냈다.

[✎   ]

4 밑줄 친 어휘의 알맞은 뜻에 ○표를 하세요.

> 배탈이 나 차가워진 동생의 <u>수족</u>을 계속 주물러 주었다.

손과 발.   마음대로 부리는 사람.   형제나 자식.

정답과 해설 104쪽

○ '손 수(手)'가 들어가는 어휘를 넣어서 글을 써 보세요.

온종일 내 손은 어떤 일을 할까요? 맛있는 음식을 내 입에 넣어 주기도 하고, 얼굴을 깨끗하게 씻겨 주기도 하지요. 또 공부를 할 때 도와주기도 해요.

나를 위해 다양한 일을 해 준 나의 '손'에게 고마움을 표현해 보세요.

도움말 박수, 수첩, 수건, 세수, 악수 등에 '손 수(手)'가 들어가요.

예 손아. 오늘 나는 네 덕분에 응원하는 선수에게 박수를 보낼 수 있었고, 가장 좋아하는 선수와 악수도 할 수 있었어. 정말 고마워.

따라 쓰며 **한자** 力 완성해요

手	手		
손	수	손	수

03
02

입구(口)

사람의 입 모양을 본뜬 글자로, '입'을 뜻하고 '구'라고 읽습니다.

◉ 오늘 배울 한자를 색칠해 보세요.

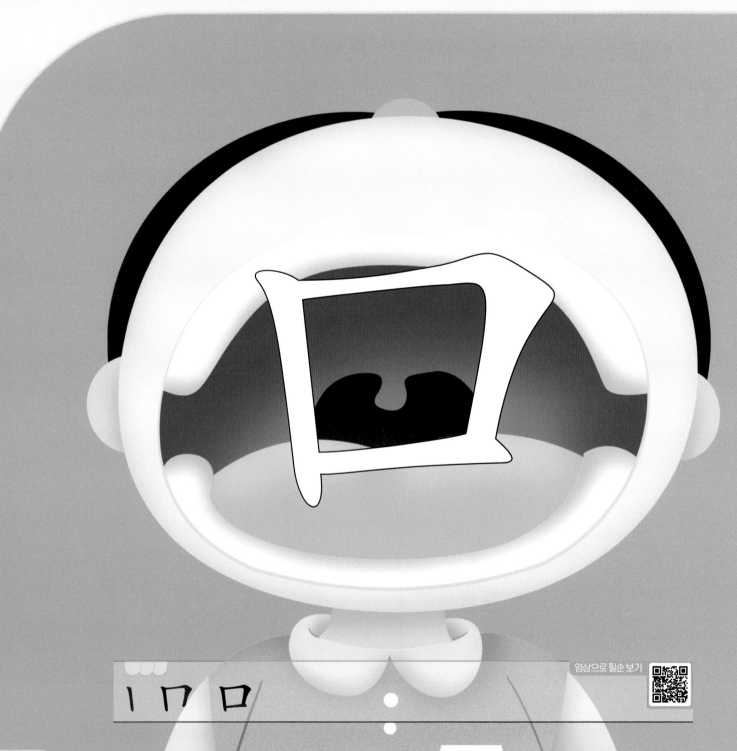

一 口 口

영상으로 필순 보기

○ [1~4] 두 개의 뜻 중에서 어휘의 알맞은 뜻을 찾아 ✓표를 하세요.

수학

인 구

사람 人 입 口

1 ☑ 일정한 지역에 사는 사람의 수.

  ☐ 특정한 지역에 있는 사물의 수.

서울과 강원도 중 **인구**가 더 **빽빽**하게 모인 곳은 어디인가요?

국어

식 구

먹을 食 입 口

2 ☐ 한 학교에 다니면서 오래 사귄 사람.

  ☐ 한집에서 함께 살면서 끼니를 같이하는 사람.

우리 **식구** 자고 나면 주고받는 말, 사랑해요.

과학

비 상 구

아닐 非 항상 常 입 口

3 ☐ 갑자기 솟구쳐서 뿜어져 나오는 구멍.

  ☐ 급히 빠져나갈 수 있도록 만들어 놓은 문.

비상구가 있는 곳을 알면 안전하게 피할 수 있습니다.

이 목 구 비

귀 耳 눈 目 입 口 코 鼻

4 ☐ 이와 잇몸을 아울러 이르는 말.

  ☐ 귀·눈·입·코를 아울러 이르는 말.

이 그림은 얼굴의 **이목구비**를 강조하여 표현한 작품입니다.

1 '이목구비'의 뜻에 포함되지 <u>않는</u> 부분에 ✓표를 하세요.

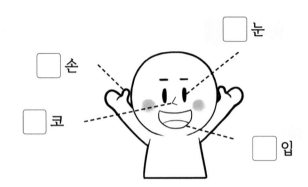

☐ 눈
☐ 손
☐ 코
☐ 입

2 밑줄 친 어휘와 뜻이 비슷한 어휘를 괄호 안에서 골라 ○표를 하세요.

> 추석을 맞아 온 <u>가족</u>이 모여 앉아, 함께 송편을 빚었습니다.
> ↘ (친구 | 식구)

3 빈칸에 '입 구(口)'가 들어가는 어휘를 쓰세요.

> 그곳은 ⌜ㅇ⌝ ⌜ㄱ⌝ 가 백만이 넘는 대도시로, 화려한 빛깔로 눈부셨다.

[✎   ]

4 다음 설명이 가리키는 곳을 고르세요.

 화재나 지진 등의 갑작스러운 사고가 일어날 때에 급히
빠져나갈 수 있도록 만들어 놓은 문.

① 입구　　　② 출구　　　③ 비상구　　　④ 돌파구　　　⑤ 문방구

◉ '입 구(口)'가 들어가는 어휘를 넣어서 글을 써 보세요.

가족과 영화를 보러 갔어요. 그런데 영화를 보는 도중에 화재 경보가 울리는 것이 아니겠어요? 가족들은 모두 매우 당황한 것 같아요. 나는 나가는 곳을 알고 있으니, 가족들이 안심할 수 있도록 침착하게 이야기해 보세요.

도움말 식구, 비상구, 입구, 출구 등에 '입 구(口)'가 들어가요.

예 우리 식구가 함께 힘을 모으면, 안전하게 출구를 찾을 수 있어요. 영화관에 들어올 때 비상구의 위치를 확인해 두었으니, 저를 따라오세요!

따라 쓰며 **한자 力** 완성해요

口		口			
입	구	입	구		

오늘의 학습을 평가해 보아요. 😞 부족함 😐 보통임 😊 잘함

03

얼굴/겉 면(面)

머리를 나타내는 '首(머리 수)'에 윤곽[囗]을 붙여 만든 글자로, '얼굴'을 뜻하고 '면'이라고 읽습니다.

⚬ 오늘 배울 한자를 점선을 이어 확인해 보세요.

영상으로 필순보기

一 T T 丙 而 而 而 面

○ [1~4] 예문을 보고, 어휘의 뜻으로 알맞은 말을 골라 ✔표를 하세요.

면 도
얼굴 面　칼 刀

아버지는 아침마다 **면도**를 하십니다.

↳ **1** 얼굴이나 몸에 난 수염이나 잔털을 [▢ 기름 | ✔ 깎음].

국어
내 면
안 內　얼굴 面

나의 **내면** 깊은 곳에서 그림에 대한 열정이 솟아올랐습니다.

↳ **2** 밖으로 [▢ 드러나는 | ▢ 드러나지 않는] 사람의 속마음.

사회
화 면
그림 畫　겉 面

도서 검색대 **화면**의 검색창에 찾고 싶은 책의 제목을 입력합니다.

↳ **3** 텔레비전이나 컴퓨터 등에서 그림이나 영상이 나타나는 [▢ 면 | ▢ 시간].

미술
장 면
마당 場　겉 面

작가는 이 **장면**을 왜 사진으로 찍었을까요?

↳ **4** 어떤 장소에서 벌어지는 [▢ 생각 | ▢ 광경].

문제로 어휘力 높여요

1 밑줄 친 글자의 공통된 뜻에 ○표를 하세요.

> • 세면(洗面): 물로 얼굴을 씻음.
> • 면접(面接): 서로 얼굴을 맞대어 만남.
> • 가면(假面): 종이나 흙 등으로 얼굴 모양을 본떠서 만든 것.

머리	얼굴	어깨	무릎

2 문장의 빈칸에 들어갈 글자를 고르세요.

> 할아버지는 몇 달 동안 [면][ ]를 안 하셔서 수염이 턱 밑으로 내려왔다.

① 도   ② 모   ③ 제   ④ 허   ⑤ 회

3 '얼굴 면(面)'을 넣어, 속담 풀이의 빈칸에 들어갈 어휘를 쓰세요.

> '까마귀가 검기로 마음도 검겠나.'라는 속담은 상대의 겉모습만 보고 판단하지 말고,
> 상대방의 [ㄴ ㅁ]을 봐야 한다는 뜻이다.

[✎   ]

4 빈칸에 알맞은 어휘를 보기에서 골라 쓰세요.

> **보기**
> 화면(畫面)   장면(場面)

1 텔레비전 [ ][ ]에 아는 사람이 나와서 깜짝 놀랐다.

2 그는 사고 [ ][ ]을 목격하고 경찰에 신고했다.

글 쓰며 **표현**力 높여요

정답과 해설 106쪽

○ '얼굴/겉 면(面)'이 들어가는 어휘를 넣어서 글을 써 보세요.

끼니도 거르고, 숙제도 미루고 스마트폰만 종일 붙잡고 보는 친구가 있어요. 이 친구에게 스마트폰을 올바로 사용하는 방법을 알려 주세요.

도움말 내면, 화면, 장면 등에 '얼굴/겉 면(面)'이 들어가요.

예 스마트폰은 잘 사용하면 도움이 되지만, 잘못 사용하면 좋지 않은 장면을 그대로 보게 되기도 하고 자세도 나빠져. 스마트폰은 꼭 필요할 때만 조금씩 보는 것이 어떨까?

따라 쓰며 **한자**力 완성해요

面	面			
얼굴/겉 면	얼굴/겉 면			

오늘의 학습을 평가해 보아요. ☹ 부족함 ☺ 보통임 ☺ 잘함

19

04

마음 심(心)

심장의 모양을 본뜬 글자로, '마음'을 뜻하고 '심'이라고 읽습니다.

⚬ 오늘 배울 한자를 순서대로 그려 보세요.

영상으로 필순 보기

정답과 해설 107쪽

○ [1~4] 두 개의 뜻 중에서 어휘의 알맞은 뜻을 찾아 ✓표를 하세요.

국어

안 심
편안할 安 마음 心

1 ✓ 모든 걱정을 떨쳐 버리고 마음을 편히 가짐.

☐ 어떠한 것을 지나치게 탐내거나 누리고자 하는 마음.

아직 **안심**하기엔 이릅니다.

수학

심 장
마음 心 오장 臟

2 ☐ 불필요한 것을 오줌으로 걸러내는 일을 하는 기관.

☐ 피를 몸 전체로 보내는, 우리 몸의 중심인 근육 기관.

동물들이 1분 동안 자신의 **심장**이 몇 번 뛰는지 확인해 보고 있습니다.

도덕

양 심
어질 良 마음 心

3 ☐ 새롭거나 신기한 것에 끌리는 마음.

☐ 자신의 행위의 옳고 그름을 판단하고, 바른 말과 행동을 하려는 마음.

마음 속 **양심**의 소리에 귀를 기울입니다.

심 신
마음 心 몸 身

4 ☐ 사람의 몸을 이르는 말.

☐ 마음과 몸을 아울러 이르는 말.

오랜만에 달리니 **심신**이 건강해지는 것 같습니다.

문제로 **어휘力** 높여요

1 밑줄 친 말과 뜻이 가장 비슷한 것에 ✔표를 하세요.

> 나는 동생이 집에 무사히 도착했다는 소식을 듣고서야 <u>마음을 놓을</u> 수 있었다.

☐ 결심할   ☐ 의심할   ☐ 안심할

2 '마음 심(心)'을 넣어, 빈칸에 공통으로 들어갈 어휘를 쓰세요.

> • 판사는 법과 ┌ ㅇ ㅅ ┐ 에 따라 재판을 해야 한다.
>
> • 들키지 않아도 ┌ ㅇ ㅅ ┐ 에 걸려 거짓말은 못 하겠다.

[✎   ]

3 '심신'을 이루는 각 한자(漢字)가 쓰인 어휘로 알맞지 <u>않은</u> 것에 ✔표를 하세요.

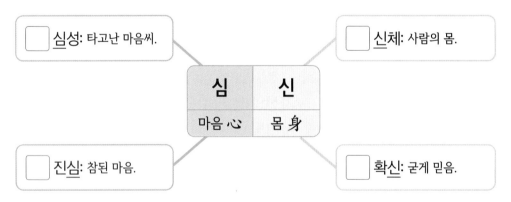

☐ 심성: 타고난 마음씨.   ☐ 신체: 사람의 몸.

심	신
마음 心	몸 身

☐ 진심: 참된 마음.   ☐ 확신: 굳게 믿음.

4 도움말을 보고, '이것'이 무엇인지 쓰세요.

> <u>이것</u>은 무엇일까요?
>
> 도움말 1. 몸속에 있습니다.
>
> 도움말 2. 몸 전체에 피를 보내는 일을 합니다.
>
> 도움말 3. 긴장하거나, 겁을 먹으면 더 빨리 뜁니다.

[✎   ]

글 쓰며 **표현 力** 높여요

정답과 해설 107쪽

○ '마음 심(心)'이 들어가는 어휘를 넣어서 글을 써 보세요.

이 세상 모든 마음이 가득 들어 있는 선물 상자가 있어요. 상자 안에 선심, 자부심, 호기심, 의심, 질투심 등 다양한 마음이 있네요. 이 중에서 어떤 마음을 갖고 싶은지, 또는 어떤 마음을 갖기 싫은지 이야기해 보세요.

도움말 양심, 진심, 질투심, 심술 등에 '마음 심(心)'이 들어가요.

(예) 전 '양심'을 갖고 싶어요. 무엇이 옳은지 그른지 판단할 수 있으면 어떤 행동을 할 때 안심할 수 있게 되니까요.

따라 쓰며 **한자 力** 완성해요

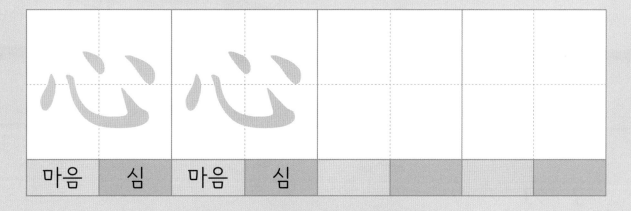

心	心			
마음 심	마음 심			

오늘의 학습을 평가해 보아요. ☹ 부족함 ☺ 보통임 ☺ 잘함

힘 력(力)

밭을 가는 농기구인 '가래'를 본뜬 글자로, 가래로 힘을 써서 밭을 간다는 데서 '힘'을 뜻하고 '력'이라고 읽습니다.

◎ 오늘 배울 한자를 색칠해 보세요.

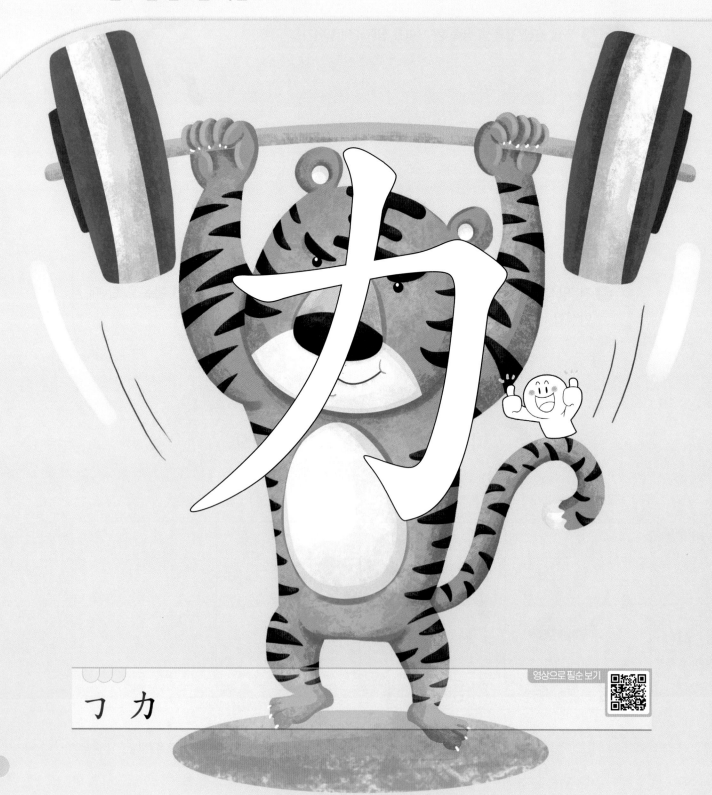

一 ㄱ 力

영상으로 필순 보기

24

○ [1~4] 예문을 보고, 어휘의 뜻으로 알맞은 말을 골라 ✓표를 하세요.

도덕

노 력
힘쓸 努   힘 力

나는 좋은 친구가 되기 위해 꾸준히 **노력**하고 있습니다.

1 어떤 일을 이루기 위하여 힘을 들이고 [✓ 애를 씀 | ☐ 꾀를 부림].

국어

실 력
열매 實   힘 力

여기까지 오다니 실력이 대단한걸?

2 실제로 갖추고 있는 [☐ 부와 명예 | ☐ 힘이나 능력].

체육

체 력
몸 體   힘 力

내 수준에 맞는 운동을 하며 **체력**을 기릅니다.

3 [☐ 눈 | ☐ 몸 | ☐ 손]을 움직여 어떤 일을 할 수 있는 힘.

'속도'란 물체가 나아가거나 일이 진행되는 빠르기를 뜻해요.

과학

속 력
빠를 速   힘 力

교통수단 두 가지를 골라 **속력**을 비교해 봅시다.

4 속도*의 크기, 또는 속도를 이루는 [☐ 힘 | ☐ 모양].

문제로 어휘力 높여요

1 빈칸에 알맞은 어휘를 고르세요.

어렵고 힘든 조건에서도 끊임없이 [ ][ ]한 과학자 '마이클 패러데이' 덕분에 오늘날 모든 사람이 전기를 쓸 수 있게 되었습니다.

① 권력   ② 노력   ③ 능력   ④ 압력   ⑤ 세력

2 빈칸에 들어갈 어휘를 쓰세요.

ㅅ ㄹ 을
비교해 보아요.

➡ [버스]보다 [비행기]가 빠릅니다.

[✎   ]

3 '힘 력(力)'을 넣어, 빈칸에 공통으로 들어갈 어휘를 쓰세요.

다희: 대회에 나온 사람들의 ㅅ ㄹ 이 대단하던데……. 내가 잘할 수 있을까?

정아: 물론이지! 이번 대회는 너의 ㅅ ㄹ 을 펼칠 좋은 기회야. 응원할게!

[✎   ]

4 질문에 알맞은 대답에 ○표, 알맞지 않은 대답에 ✕표를 하세요.

건강한 체력을 기르려면 어떻게 해야 할까요?
↳ 몸을 움직여 어떤 일을 할 수 있는 힘.

1 하루에 적당한 시간 동안 운동을 합니다.   [✎   ]

2 우리 몸에 필요한 영양소를 골고루 먹습니다.   [✎   ]

3 잠을 줄이고 밤늦게까지 책을 읽어 지식을 쌓습니다.   [✎   ]

글 쓰며 **표현 力** 높여요

정답과 해설 108쪽

○ '힘 력(力)'이 들어가는 어휘를 넣어서 글을 써 보세요.

한밤중에 갑자기 요정이 나타나더니, 무엇이든 해낼 수 있는 '힘'을 선물해 주겠다고 해요. 나는 어떤 힘을 갖고 싶은지 요정에게 이야기해 보세요.

도움말 노력, 실력, 체력, 속력, 능력 등에 '힘 력(力)'이 들어가요.

예 요정아. 난 어디든지 가장 빨리 갈 수 있는 능력을 갖고 싶어. 그러려면 이 세상 누구보다 빠른 속력을 낼 힘이 필요해. 나에게 그런 힘을 줘!

따라 쓰며 **한자 力** 완성해요

힘	력	힘	력				

오늘의 학습을 평가해 보아요. 😞 부족함 😐 보통임 😊 잘함

1~2 다음 글을 읽고, 물음에 답하세요.

> 기자: ○○○ 선수, 금메달을 받은 것을 축하드립니다! 기분이 어떠신가요?
>
> 선수: 아직 믿기지 않는데……. 많은 분의 박수(拍手)를 받으니 꿈이 아닌 것 같아 안심(安心)입니다. 아주 뿌듯합니다.
>
> 기자: 올림픽 경기를 어떻게 준비하셨나요?
>
> 선수: 실력(實力)이 뛰어난 선수의 경기 장면(場面)을 여러 번 보며, 배울 점을 수첩(手帖)에 적었습니다. 또한 체력(體力)을 기르기 위해 심장(心臟)이 쿵쾅거리며 빠르게 뛸 때까지 매일 달리기를 했습니다.
>
> 기자: 열심히 노력(努力)하셨군요. 지금 가장 생각나는 사람은 누구인가요?
>
> 선수: 가까이에서 매일같이 응원해 준 식구(食口)들이 생각납니다.

1 기자가 '○○○ 선수'를 축하해 준 까닭을 쓰세요.

{ ○○○ 선수가 올림픽에서 ☐☐☐ 을 받았기 때문에 }

2 '○○○ 선수'가 올림픽 경기를 준비한 방법 두 가지를 <u>모두</u> 고르세요.

① 매일 달리기를 했다.

② 경쟁할 수 있는 선수들과 함께 연습했다.

③ 자신의 부족한 점을 수첩에 적어 두었다.

④ 심장이 쿵쾅거릴 때까지 수영을 오래 했다.

⑤ 뛰어난 선수의 경기 장면을 여러 번 보았다.

생활 속 성어 **작 심 삼 일**
지을 作 마음 心 셋 三 날 日

마음을 먹은 것이 고작 삼 일밖에 가지 않는다는 뜻입니다. 결심한 내용이 굳지 못하고 오래 지켜지지 않을 때 쓰는 말입니다.

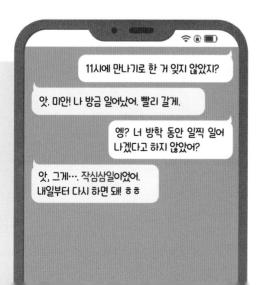

> 11시에 만나기로 한 거 잊지 않았지?
>
> 앗. 미안! 나 방금 일어났어. 빨리 갈게.
>
> 엥? 너 방학 동안 일찍 일어나겠다고 하지 않았어?
>
> 앗, 그게…. 작심삼일이었어. 내일부터 다시 하면 돼! ㅎㅎ

놀이로 정리해요

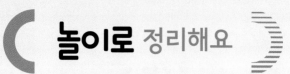

설명을 참고하여 한자 어휘 지도를 완성해 보세요.

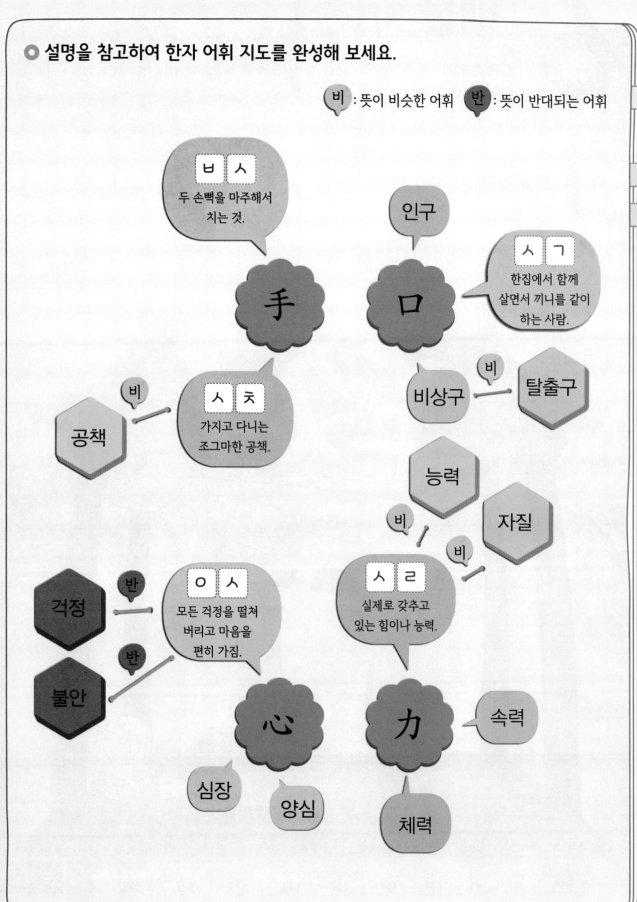

06

배울 학(學)

아이[子]가 가르침을 받아 배움을 얻어가는 곳을 표현한 글자로, '배우다'를 뜻하고 '학'이
라고 읽습니다.

◎ 오늘 배울 한자를 색칠해 보세요.

영상으로 필순보기

○ [1~4] 두 개의 뜻 중에서 어휘의 알맞은 뜻을 찾아 ✔표를 하세요.

봄

학 교
배울 學　학교 校

우리 **학교** 운동장에는 무엇이 있나요?

↳ **1** 학생을 [✔ 가르치는 | ☐ 잠재우는] 기관. 또는 그 건물.

수학

학 생
배울 學　날 生

준기네 반 **학생**들이 어떤 간식을 좋아하는지 알아봅시다.

↳ **2** 학교에 다니면서 [☐ 돈을 버는 | ☐ 공부를 하는] 사람.

국어

입 학
들어갈 入　배울 學

형은 곧 **입학**하니까 새 가방과 옷을 사야 한단다.

↳ **3** 학생이 되어 공부하기 위해 [☐ 집 | ☐ 학교]에 들어감.

국어

방 학
놓을 放　배울 學

여름 **방학**을 맞이해 독서 계획을 세워 봅시다.

↳ **4** 일정 기간 [☐ 수업 | ☐ 시험]을 쉬는 일.

1 빈칸에 알맞은 말에 ✔표를 하세요.

學: '⟦　　　　⟧'를 뜻하고, '학'이라고 읽습니다.

☐ 먹다　　　☐ 뛰다　　　☐ 배우다

2 '학(學)' 자를 넣어, 빈칸에 공통으로 들어갈 어휘를 쓰세요.

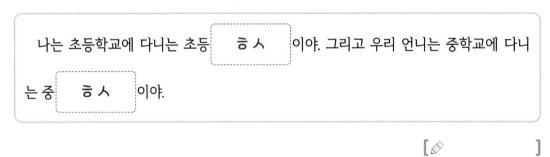

나는 초등학교에 다니는 초등 ⟦ ㅎ ㅅ ⟧이야. 그리고 우리 언니는 중학교에 다니는 중 ⟦ ㅎ ㅅ ⟧이야.

[🖉　　　　　　]

3 다음 설명에 알맞은 어휘를 고르세요.

학생이 되어 공부하기 위해 학교에 들어감.

① 과학　　② 방학　　③ 입학　　④ 졸업　　⑤ 하교

4 빈칸에 알맞은 어휘를 써서 제목을 완성하세요.

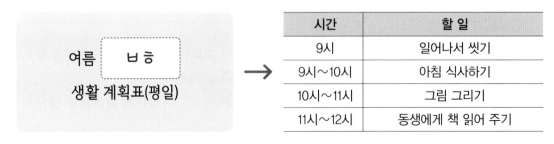

여름 ⟦ ㅂ ㅎ ⟧
생활 계획표(평일)

시간	할 일
9시	일어나서 씻기
9시~10시	아침 식사하기
10시~11시	그림 그리기
11시~12시	동생에게 책 읽어 주기

[🖉　　　　　　]

○ '배울 학(學)'이 들어가는 어휘를 넣어서 글을 써 보세요.

초등학생이 되어 처음으로 학교에 왔어요. 선생님께서 초등학생이 된 기분이 어떤지 물어보셨어요. 선생님의 질문에 대답해 보세요.

도움말 학교, 학생, 입학, 학용품, 학년, 학습 등에 '배울 학(學)'이 들어가요.

예 올해 3학년인 누나가 학교 자랑을 많이 했었는데, 저도 같은 학교에 입학해서 신이 나요. 누나가 나누어 준 학용품으로 열심히 공부할 거예요.

따라 쓰며 **한자** 力 완성해요

學	學			
배울 학	배울 학			

오늘의 학습을 평가해 보아요. 😞 부족함 😐 보통임 😊 잘함

《 공부한 날짜 월 일 》

07

날 생(生)

새싹이 돋아나는 모습을 본따 만든 글자로, '나다'와 '살다'를 뜻하고 '생'이라고 읽습니다.

○ 오늘 배울 한자를 그림 속에서 찾아보세요.

○ [1~4] 두 개의 뜻 중에서 어휘의 알맞은 뜻을 찾아 ✓표를 하세요.

체육

생 명

날 生   목숨 命

1 ✓ 살아서 숨 쉬게 하는 힘.

☐ 원래대로 돌아가려는 힘.

물놀이를 할 때 안전사고가 일어나면 **생명**이 위험해질 수도 있습니다.

여름

생 활

날 生   살 活

2 ☐ 하지 않아도 좋을 헛된 고생.

☐ 사람이나 동물이 일정한 환경에서 활동하며 살아감.

비가 올 때 우리 **생활**은 어떤지 생각해 봅시다.

국어

인 생

사람 人   날 生

3 ☐ 사람이 살아 있지 않은 기간.

☐ 사람이 세상에서 살아 나가는 일.

꿈을 이루기 위한 **인생** 계획을 세워 봅시다.

체육

발 생

필 發   날 生

4 ☐ 어떤 일이나 사물이 생겨남.

☐ 어떤 어려움이나 문제가 풀림.

운동을 하기 전에 간단한 체조를 하면 운동 중에 **발생**하는 부상을 막을 수 있습니다.

1 빈칸에 공통으로 들어갈 한자에 ✔표를 하세요.

> • 人 ☐ : 사람이 세상에서 살아 나가는 일.
>
> • ☐ 活: 사람이나 동물이 일정한 환경에서 활동하며 살아감.

☐ 生   ☐ 心   ☐ 手   ☐ 力

2 밑줄 친 말과 뜻이 비슷한 어휘를 고르세요.

> 개미는 사냥꾼의 발등을 꽉 물어, 비둘기의 <u>목숨</u>을 구해 주었어요.

① 생물   ② 생명   ③ 생사   ④ 생존   ⑤ 생일

3 빈칸에 '생(生)' 자가 들어가는 어휘를 쓰세요.

> 긴급 상황입니다. ○○ 아파트에 화재가 ☐ ㅂㅅ ☐ 했다고 합니다. 소방대원들은 지금 바로 출동해 주시길 바랍니다.

[✎   ]

4 밑줄 친 곳에 '인생(人生)'을 쓸 수 <u>없는</u> 문장의 기호를 쓰세요.

> ㉠ 나는 앞으로 멋진 _____을 살기 위해 노력할 것이다.
>
> ㉡ 우리 할아버지는 자신의 _____이 꽤 힘들었다고 말씀하신다.
>
> ㉢ 지난달에 전염병이 새로 _____해서 우리 모두 마스크를 쓰고 다닌다.
>
> ㉣ 가족과 함께 놀이공원에 갔던 날이 내 _____에서 가장 행복한 날이었다.

[✎   ]

○ '날 생(生)'이 들어가는 어휘를 넣어서 글을 써 보세요.

오늘은 어버이날입니다. 자신을 기르고 보살펴 준 엄마, 아빠. 또는 부모처럼 자신을 돌봐 준 고마운 분들께 편지를 드리려고 해요. 감사한 마음을 담아 편지글을 써 볼까요?

도움말 생명, 생활, 인생, 탄생, 고생 등에 '날 생(生)'이 들어가요.

예 엄마, 아빠! 막무가내인 저를 키우느라 고생하셨죠? 그래도 저를 낳은 것이 인생에서 가장 잘한 일이라고 말씀해 주시는 부모님께 늘 감사하다는 말 전하고 싶었어요. 앞으로도 바르게 생활하며 부모님께 자랑스러운 아들이 될게요. 감사합니다.

따라 쓰며 **한자**力 완성해요

生	生		
날	생	날	생

오늘의 학습을 평가해 보아요. ☹ 부족함 😐 보통임 ☺ 잘함

가르칠 교(教)

회초리[攵]를 들어서라도 아이들[子]을 가르치려는 모습을 나타낸 글자입니다. '가르치다'를 뜻하고 '교'라고 읽습니다.

○ 오늘 배울 한자를 색칠해 보세요.

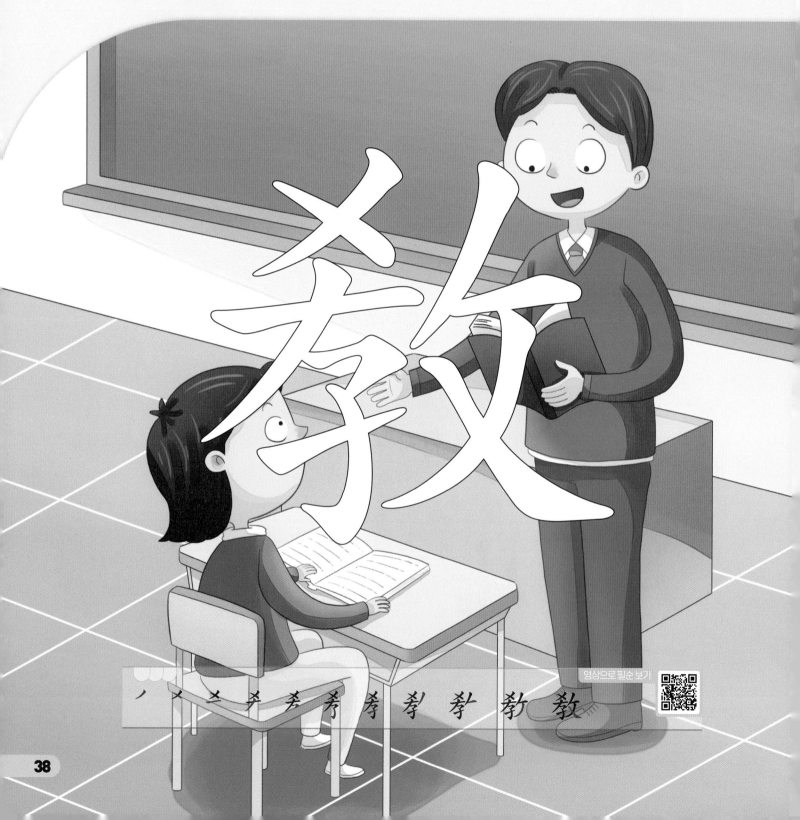

정답과 해설 112쪽

○ [1~4] 두 개의 뜻 중에서 어휘의 알맞은 뜻을 찾아 ✓표를 하세요.

실과

교 사
가르칠 教 스승 師

1 ☐ 학교에 다니면서 공부하고 배우는 사람.

✓ 주로 학교에서 학생을 가르치거나 돌보는 사람.

다른 사람들을 잘 도와주는 나는 나중에 커서 <u>교사</u>가 될 거야.

여름

교 실
가르칠 教 집 室

2 ☐ 학교에서 학생의 건강에 관한 일을 맡아보는 방.

☐ 학교에서 선생님이 학생들을 가르치는 데 쓰는 방.

여러 가지 우산을 만들어 <u>교실</u>을 꾸며 봅시다.

미술

교 육
가르칠 教 기를 育

3 ☐ 먹을 것과 잘잘 곳을 마련해 주며 길러 줌.

☐ 지식과 기술 등을 가르치며 인격과 능력을 길러 줌.

미술관에서는 작품 설명 등 여러 가지 <u>교육</u>을 해요.

국어

교 과 서
가르칠 教 과목 科 글 書

4 ☐ 학교에서 어떤 과목을 가르치기 위한 책.

☐ 책을 모아 두고 여러 사람이 보도록 만든 방.

이 가방은 <u>교과서</u>를 모두 넣어도 찢어지지 않을 만큼 튼튼해요.

문제로 어휘力 높여요

1 다음 한자(漢字)에 대한 설명 중, 괄호 안에서 알맞은 말을 골라 ○표를 하세요.

教 →
- '(도 | 교)'라고 읽습니다.
- '(가리키다 | 가르치다)'를 뜻합니다.

2 이 사람은 누구일까요? 알맞은 직업에 ✔표를 하세요.

저는 누군가를 가르치는 일을 하는 사람이에요. 주로 유치원, 초등학교, 중학교, 고등학교 등에서 학생을 가르치거나 돌봐요.

- ☐ 의사
- ☐ 사육사
- ☐ 요리사
- ☐ 교사

3 다음 설명에 해당하는 것을 고르세요.

학교에서 어떤 과목을 가르치기 위한 책.

① 계약서 ② 보고서 ③ 안내서 ④ 교과서 ⑤ 이력서

4 빈칸에 알맞은 어휘를 보기에서 골라 쓰세요.

보기
교실   교육

1 안전 체험관에 가면 안전하게 생활하는 방법을 [   ] 받을 수 있어.

2 얘들아, 이제 곧 수업 시간이야. 빨리 [   ] 로 돌아가서 자리에 앉자.

글 쓰며 **표현力** 높여요

 '가르칠 교(敎)'가 들어가는 어휘를 넣어서 글을 써 보세요.

우리 학교에 동생이 놀러 왔어요. 동생은 학교에 처음 와서 궁금한 것이 많아요. 모든 것이 낯선 동생에게 우리 학교를 소개해 주세요.

도움말 교사, 교실, 교육, 교과서 등에 '가르칠 교(敎)'가 들어가요.

예 누나가 다니는 학교에는 예쁜 꽃밭이 있어. 그리고 그 예쁜 꽃밭 바로 앞이 누나가 선생님께 교육을 받는 교실이지. 그럼 교실로 들어가서 누나 자리에 한번 앉아 볼까?

따라 쓰며 **한자力** 완성해요

敎	敎			
가르칠 교	가르칠 교			

오늘의 학습을 평가해 보아요. ☹ 부족함 😐 보통임 😊 잘함

09

집 실(室)

'宀(집 면)'과 '至(이를 지)'를 더해, 사람이 이르러 머무는 집을 나타낸 글자입니다. '집'을 뜻하고 '실'이라고 읽습니다.

🔵 오늘 배울 한자를 색칠해 보세요.

영상으로 필순 보기

42

○ [1~4] 예문을 보고, 어휘의 뜻으로 알맞은 말을 골라 ✔표를 하세요.

체육

실 내
집 室　안 內

> 겨울에 옷이 젖으면 빨리 실내로 들어가서 말려야 해요.

↘ **1** 방이나 건물의 [✔ 안 | ☐ 밖].

국어

거 실
살 居　집 室

> 저녁이 되어 온 가족이 거실에 앉아 이야기를 나누었어요.

↘ **2** 가족이 모여서 생활하는 [☐ 시간 | ☐ 공간].

체육

화 장 실
될 化　단장할 粧　집 室

> 화장실을 이용한 뒤에는 손을 깨끗이 씻어야 해요.

↘ **3** [☐ 시험 | ☐ 대변과 소변]을 볼 수 있게 만들어 놓은 곳.

봄

보 건 실
지킬 保　굳셀 健　집 室

> 학교에서 아프면 보건실에 가요.

↘ **4** 학교나 회사에서 사람들의 [☐ 지식 | ☐ 건강]에 관한 일을 맡아보는 곳.

1 다음 설명에 해당하는 한자(漢字)에 ○표를 하세요.

> 사람이 이르러 머무는 집을 나타낸 글자로, '실'이라고 읽어요.

學 室 教 生

2 밑줄 친 부분과 뜻이 비슷한 어휘를 고르세요.

> 놀이터에서 놀다가 햇볕이 너무 뜨거워서 건물 안으로 들어왔다.

① 실내 ② 실망 ③ 실수 ④ 실패 ⑤ 야외

3 다음 물음에 맞게, 빈칸에 '실(室)' 자가 들어가는 어휘를 쓰세요.

1 소변이 마려워 참기 힘들 때 어디로 가야 할까? ➡ ㅎㅈㅅ

2 학교 운동장에서 넘어져 다쳤을 때 어디로 가야 할까? ➡ ㅂㄱㅅ

1 [✎   ]   2 [✎   ]

4 가로세로 낱말 퍼즐의 어휘 풀이를 참고하여 빈칸에 알맞은 글자를 쓰세요.

㉠거		
㉡	내	화

㉠: 가족이 모여서 생활하는 공간.
㉡: 방이나 건물 안에서만 신는 신.

○ '집 실(室)'이 들어가는 어휘를 넣어서 글을 써 보세요.

우리 가족 모두 이사를 가게 된 상황이에요. 나는 어떤 집으로 이사를 가고 싶은지 부모님께 이야기해 보세요.

도움말 실내, 화장실, 침실, 미용실 등에 '집 실(室)'이 들어가요.

예 저는 실내가 예쁜 집으로 이사를 가고 싶어요. 그리고 침실마다 화장실이 있으면 정말로 편하고 좋을 것 같아요.

따라 쓰며 **한자 力** 완성해요

室	室			
집 실	집 실			

오늘의 학습을 평가해 보아요. ☹ 부족함 😐 보통임 😊 잘함

10 먼저 선(先)

사람의 머리 부분보다 먼저 내디딘 발자국의 모양을 나타낸 글자입니다. '먼저'를 뜻하고
'선'이라고 읽습니다.

○ 오늘 배울 한자를 순서대로 그려 보세요.

영상으로 필순 보기

○ [1~4] 두 개의 뜻 중에서 어휘의 알맞은 뜻을 찾아 ✓표를 하세요.

음악

선 두
먼저 先   머리 頭

1
☐ 먼저와 나중. 앞뒤를 아울러 이르는 말.
✓ 여럿이 나아갈 때나 무슨 일을 할 때의 맨 앞.

꼬리잡기 놀이를 할 때는, 친구들과 같이 한 줄로 서서 선두를 따라 움직입니다.

음악

선 조
먼저 先   할아버지 祖

2
☐ 먼 훗날의 후손들.
☐ 먼 윗대의 옛 어른들.

말놀이를 이용해 나물 이름을 가르친 선조들의 지혜를 생각하며 노래를 불러 봅시다.

체육

우 선
어조사 于   먼저 先

3
☐ 무엇보다도 앞섬.
☐ 무엇보다도 뒤처짐.

벌에 쏘였다면 그 장소를 피하는 것이 우선이에요.

국어

선 생 (님)
먼저 先   날 生

4
☐ 학생을 가르치는 사람을 높여 이르는 말.
☐ 학교에서 공부하는 사람을 낮춰 이르는 말.

선생님의 말씀을 열심히 듣고 있는 친구는 누구누구인가요?

1 '先' 자를 바르게 설명하지 <u>못한</u> 친구의 이름을 쓰세요.

> 준희: '선'이라고 읽어.
>
> 지원: '먼저'라는 뜻을 지닌 한자야.
>
> 두천: 반대 뜻을 지닌 말에는 '미리'가 있어.

[✎   ]

2 다음 내용에 알맞은 어휘를 괄호 안에서 골라 ○표를 하세요.

학교에서 수업을 듣다가 궁금한 점이 생기면 앞에 계시는 (선조 | 선생님)께 질문하면 돼.

3 빈칸에 들어갈 어휘로 알맞은 것을 고르세요.

요리를 할 때는 손부터 깨끗하게 씻는 것이 [   ]이다.

① 선배   ② 선발   ③ 선후   ④ 우선   ⑤ 우승

4 전교 축구 대회의 득점 순위입니다. 현재 득점 '선두(先頭)'의 이름에 ✔표를 하세요.

순위	이름	반	득점
1등	☐ 이민선	6반	7
2등	☐ 박찬수	4반	6
3등	☐ 최한울	5반	3
⋮	⋮	⋮	⋮

○ '먼저 선(先)'이 들어가는 어휘를 넣어서 글을 써 보세요.

날씨가 좋은 오늘, 우리 반 친구들이 모두 운동장에 나왔어요. 무엇을 하며 놀아 볼까요? 평소 친구들과 자주 하던 놀이도 좋고, 새롭게 만든 놀이여도 좋아요. 내가 하고 싶은 놀이를 친구들에게 이야기해 보세요.

도움말 선두, 우선, 선생님, 선봉 등에 '먼저 선(先)'이 들어가요.

예 '보물찾기' 놀이를 하는 건 어때? 선생님이 보물을 여기저기에 숨겨 두시면, 우리가 찾는 거야. 우선 선생님께 말씀드려 보자.

따라 쓰며 **한자**力 완성해요

先	先			
먼저 선	먼저 선			

오늘의 학습을 평가해 보아요. ☹ 부족함 😐 보통임 😊 잘함

1~2 다음 글을 읽고, 물음에 답하세요.

학생(學生) 여러분. 비상 초등학교(學校)에 입학(入學)한 것을 환영합니다. 저는 교장 선생님(先生님)입니다. 학교에서 올바르게 생활(生活)하는 방법을 알려드리겠습니다.

첫 번째로, 그날그날 수업에 맞게 교과서(敎科書)를 항상 가지고 와야 합니다.

두 번째로, 화장실(化粧室)은 쉬는 시간에 다녀오세요. 만약 수업 중간에 가고 싶어지면, 우선(于先) 손을 들고 선생님께 말씀드리고 다녀옵니다.

세 번째로, 다치는 사고가 발생(發生)하지 않도록 위험한 장난을 치지 않아야 합니다. 만약 다쳤을 때는 바로 보건실(保健室)에 가서 도움을 받습니다.

1 이 글의 핵심 내용을 파악하여 빈칸에 알맞은 말을 쓰세요.

학교에서 올바르게 ☐☐ 하는 방법

2 이 글의 내용과 일치하는 것을 고르세요.

① 화장실은 다쳤을 때 가는 곳이다.

② 화장실은 수업 시간에 갈 수 없다.

③ 교과서는 가지고 오지 않아도 된다.

④ 설명하고 있는 사람은 담임 선생님이다.

⑤ 안전을 위해 위험한 장난은 하지 않는다.

생활 속 성어 **선 견 지 명**
먼저 先 볼 見 어조사 之 밝을 明

앞을 내다보는 밝음(지혜)이라는 뜻으로, 중국의 『후한서(後漢書)』라는 책에 나오는 말입니다. 어떤 일이 일어나기 전에 미리 앞을 내다보고 예측하는 지혜를 말합니다.

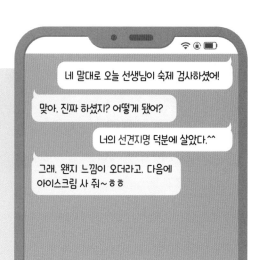

네 말대로 오늘 선생님이 숙제 검사하셨어!

맞아. 진짜 하셨지? 어떻게 됐어?

너의 선견지명 덕분에 살았다.^^

그래. 왠지 느낌이 오더라고. 다음에 아이스크림 사 줘~ㅎㅎ

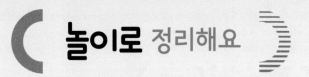

놀이로 정리해요

정답과 해설 115쪽

◉ **아래의 뜻풀이에 해당하는 어휘를 찾아 표시해 보세요.**

수	선	나	지	발	생	연	김
영	두	실	찹	하	수	진	어
리	경	보	화	선	생	님	진
안	동	조	건	용	산	위	인
강	입	방	마	실	내	오	교
우	대	학	강	한	비	빔	과
선	시	장	구	수	상	놀	서

① 방이나 건물의 안.

② 어떤 일이나 사물이 생겨남.

③ 학생을 가르치는 사람을 높여 이르는 말.

④ 학교에서 어떤 과목을 가르치기 위한 책.

⑤ 학생이 되어 공부하기 위해 학교에 들어감.

⑥ 여럿이 나아갈 때나 무슨 일을 할 때의 맨 앞.

⑦ 학교나 회사에서 사람들의 건강에 관한 일을 맡아보는 곳.

11

푸를 청(靑)

싱싱함을 뜻하는 '生(날 생)'과 우물을 뜻하는 '井(우물 정)'을 합한 글자로, 푸른 풀과
푸른 물빛이란 의미에서 '푸름'을 뜻하고 '청'이라고 읽습니다.

◦ 오늘 배울 한자를 색칠해 보세요.

一 二 三 丰 圭 丰 青 青 青

영상으로 필순 보기

○ [1~4] 예문을 보고, 어휘의 뜻으로 알맞은 말을 골라 ✓표를 하세요.

미술

청 자
푸를 靑　사기그릇 瓷

우리도 다양한 찰흙 주걱을 사용하여 고려청자처럼 위대한 찰흙 작품을 만들어 보아요.

↘ **1** 흙을 빚어서 높은 온도로 구운, [✓ 푸른 | ☐ 붉은] 빛깔의 그릇.

봄

청 소 년
푸를 靑　적을 少　해 年

봄철 환절기 독감이 유행하면서 소아청소년과에 찾아오는 어린 친구들이 많아요.

↘ **2** 청년과 [☐ 소년 | ☐ 노인]을 아울러 이르는 말.

국어

청 록 색
푸를 靑　초록빛 綠　빛 色

청록색의 모양을 보니 마주보는 사람을 그린 그림 같아.

↘ **3** 푸른빛을 띤 [☐ 빨간색 | ☐ 초록색 | ☐ 노란색]. 또는 그런 색의 물감.

국어

청 포 도
푸를 靑　포도 葡　포도 萄

거세게 내리는 장맛비 속에서도 청포도는 탐스럽게 익어 가고 있습니다.

↘ **4** ① [☐ 잘 익은 | ☐ 덜 익은] 푸른 포도.

② 포도의 품종 중에서 열매가 [☐ 노란 | ☐ 푸른] 것.

1 밑줄 친 '청' 자의 공통된 뜻에 ✔표를 하세요.

> 청산
> 청록색
> 청포도

☐ 젊다   ☐ 푸르다   ☐ 덜 익다

2 밑줄 친 말과 바꾸어 쓸 수 있는 어휘를 괄호 안에서 골라 ○표를 하세요.

> 오늘은 비타민이 가득한 <u>푸른 귤</u>로 과일청을 만들어요.
> ↳ (청귤 | 감귤 | 청과)

3 '청(靑)' 자를 넣어, 빈칸에 공통으로 들어갈 어휘를 한글로 쓰세요.

1 어린이와 어른 사이 시기인 ☐☐☐ 기에는 무엇보다 어른들의 관심이 필요합니다.

2 고려 ☐☐ 는 은은한 푸른 빛깔과 높은 실용성으로 전 세계에서 으뜸으로 꼽히는 우리나라 도자기입니다.

4 빈칸에 알맞은 한자(漢字)를 고르세요.

> ☐출어람(☐出於藍): 쪽에서 뽑아낸 푸른 물감이 쪽보다 더 푸르다는 뜻으로, 제자나 후배가 스승이나 선배보다 나음을 비유적으로 이르는 말.
> [예문] <u>청출어람</u>이라더니, 이젠 네가 스승인 나보다 글을 잘 쓰는구나.

① 白(흰 백)   ② 朱(붉을 주)   ③ 黃(누를 황)
④ 黑(검을 흑)   ⑤ 靑(푸를 청)

○ '푸를 청(靑)'이 들어가는 어휘를 넣어서 글을 써 보세요.

외국인 친구가 우리나라에 처음으로 놀러왔어요. 아직 모든 것이 낯선 친구에게 여러분이 안내자가 되어, 우리나라의 자랑거리나 특징을 소개해 볼까요?

도움말 청자, 청록색, 청와대, 청산 등에 '푸를 청(靑)'이 들어가요.

예 우리나라 박물관에 가면 가장 많이 볼 수 있는 문화재가 바로 도자기야. 그중 청자는 오묘한 청록색을 띤 도자기로 우리 조상들의 멋이 잘 담겨 있어.

따라 쓰며 **한자**力 완성해요

靑	靑			
푸를 청	푸를 청			

오늘의 학습을 평가해 보아요. ☹ 부족함 ☺ 보통임 ☺ 잘함

55

12

흰 백(白)

촛불의 모양을 본뜬 글자로, '희다', '밝다', '깨끗하다', '진솔하다' 등을 뜻하고 '백'이라고 읽습니다.

○ 번호 순서대로 점을 이어 오늘 배울 한자를 확인해 보세요.

영상으로 필순 보기

56

● [1~4] 두 개의 뜻 중에서 어휘의 알맞은 뜻을 찾아 ✔표를 하세요.

국어

백 군
흰 白 　 군사 軍

1 ☑ 단체 경기에서 색깔로 편을 가를 때 흰 쪽 편.

　☐ 단체 경기에서 사람 수로 편을 가를 때 많은 쪽 편.

백군의 마지막 선수와 청군의 세 번째 선수 기찬이가 같은 자리를 뛰고 있었어요.

겨울

백 조
흰 白 　 새 鳥

2 ☐ 희고 큰 몸을 지닌 오릿과의 물새.

　☐ 까맣고 작은 몸을 지닌 오릿과의 물새.

백조는 북쪽 지방의 매서운 추위를 피해 우리나라를 찾아와 겨울을 나는 철새입니다.

미술

흑 백
검을 黑 　 흰 白

3 ☐ 모든 색을 아울러 이르는 말.

　☐ ① 색조가 검은색의 짙고 엷음으로 이루어진 것.
　　② 검은색과 흰색을 아울러 이르는 말.

엄마는 흑백 사진 속 할머니의 모습을 말없이 물끄러미 바라보았어요.

명 백
밝을 明 　 흰 白

4 ☐ 행동이나 마음씨가 깨끗함.

　☐ 의심할 것 없이 아주 뚜렷함.

어떤 까닭이건 어린 동생을 밀친 것은 명백한 잘못이에요.

문제로 어휘 力 높여요

1 '희다'라는 뜻이 담겨 있는 어휘를 [보기]에서 골라 쓰세요.

[보기]

황금   홍삼   백조   흑마   상록수

[✎   ]

2 [보기]와 같이 서로 뜻이 반대되는 한자(漢字)로 묶인 어휘를 고르세요.

[보기]

대소(大小) = 큰 大 + 작을 小

↳ 사물의 크고 작음.

① 우주(宇宙)=집 宇 + 집 宙   ② 상승(上昇)=위 上 + 오를 昇
③ 노력(努力)=힘쓸 努 + 힘 力   ④ 대왕(大王)=큰 大 + 임금 王
⑤ 흑백(黑白)=검을 黑 + 흰 白

3 왼쪽에 제시된 한자(漢字)가 쓰이지 <u>않은</u> 어휘에 ✔표를 하세요.

白
흰 백

☐ 백발   ☐ 표백   ☐ 백화점

4 빈칸에 들어갈 어휘를 쓰세요.

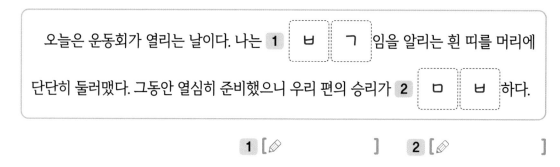

오늘은 운동회가 열리는 날이다. 나는 **1** [ㅂ][ㄱ] 임을 알리는 흰 띠를 머리에 단단히 둘러맸다. 그동안 열심히 준비했으니 우리 편의 승리가 **2** [ㅁ][ㅂ] 하다.

1 [✎   ]   2 [✎   ]

○ '흰 백(白)'이 들어가는 어휘를 넣어서 글을 써 보세요.

친하게 지내던 친구가 내가 한 말을 오해하고 토라졌어요. 오해를 풀고 예전처럼 지내고 싶은데, 어떻게 해야 할까요? 친구에게 화해의 말을 건네 보세요.

도움말 명백, 고백, 결백, 공백 등에 '흰 백(白)'이 들어가요.

예 내가 너를 놀린다고 생각했다면, 그건 명백한 오해야. 정말 네 마음을 상하게 할 생각은 전혀 없었어. 난 결백해! 그러니 화를 풀고 다시 예전처럼 사이좋게 지내자. 응?

따라 쓰며 **한자力** 완성해요

오늘의 학습을 평가해 보아요. 부족함 보통임 잘함

13

산 산(山)

땅에 솟은 세 개의 봉우리를 본따 만든 글자로, '산'을 뜻하고 '산'이라고 읽습니다.

◉ 오늘 배울 한자를 색칠해 보세요.

丨 山 山

《 영상으로 필순 보기 》

60

○ **[1~4]** 두 개의 뜻 중에서 어휘의 알맞은 뜻을 찾아 ✔표를 하세요.

여름

등 산
오를 登　산 山

1 ✔ 산에 오름.

☐ 산에서 내려옴.

> 우리 가족은 모두 <u>등산</u>을 좋아해서 주말에 산에 자주 갑니다.

겨울

강 산
강 江　산 山

2 ☐ 여러 산이라는 뜻으로, 산줄기를 이르는 말.

☐ 강과 산이라는 뜻으로, 자연의 경치를 이르는 말.

> 우리나라에는 아름다운 <u>강산</u>이 많습니다.

국어

산 사 태
산 山　모래 沙　미끄러울 汰

3 ☐ 해충으로 산의 나무가 병이 드는 현상.

☐ 산의 바윗돌이나 흙이 갑자기 무너져 내리는 현상.

> 숲은 큰비가 내려도 흙이 잘 쓸려 나가지 않아 <u>산사태</u>를 예방해 줍니다.

국어

산 수 화
산 山　물 水　그림 畫

4 ☐ 사람들의 생활 모습을 그린 그림.

☐ 산과 물이 어우러진 자연의 아름다움을 그린 그림.

> <u>산수화</u>는 우리 조상들이 자연을 어떻게 바라보았는지 보여 줍니다.

1 밑줄 친 어휘에 해당하는 한자(漢字)에 ◯표를 하세요.

> 우리 고장은 산 좋고 물 좋은 곳이다.

手   山   水   心

2 밑줄 친 어휘와 뜻이 비슷한 어휘를 고르세요.

> • 이곳은 강산이 빼어나서 늘 사람들로 북적인다.
>
> • 외국에서 오래 산 삼촌은 우리나라의 아름다운 강산을 그리워했다.

① 집   ② 도시   ③ 자연   ④ 마을   ⑤ 이웃

3 빈칸에 '산(山)'이 들어가는 어휘를 쓰세요.

1 큰비가 계속 내리자 뒷산에 ☐☐☐ 가 일어나 흙이 마을로 쏟아졌다.

2 당시에는 장엄한 자연의 아름다운 풍경을 그리는 ☐☐☐ 가 유행했다.

4 밑줄 친 부분과 뜻이 비슷한 것에 ✓표를 하세요.

> 날씨가 따뜻해지니 산을 오르는 사람들이 늘어났다.

☐ 등산하는   ☐ 하산하는   ☐ 산책하는

글 쓰며 **표현** 力 높여요

정답과 해설 118쪽

○ '산 산(山)'이 들어가는 어휘를 넣어서 글을 써 보세요.

나른한 오후, 동생이 심심한지 하품만 계속하고 있네요. 동생이 귀 기울여 들을 수 있도록 재미있는 옛날이야기를 살짝 들려주세요.

도움말 등산, 강산, 첩첩산중, 산촌, 산행 등에 '산 산 (山)'이 들어가요.

예 한 선비가 산행을 하다가 깊은 구덩이에 빠지고 말았대. 주변에 도움을 요청했지만 첩첩산중이라 아무에게도 들리지 않았지. 마침 지나가던 토끼가 그 모습을 보았어!

 따라 쓰며 **한자** 力 완성해요

山	山		
산	산	산	산

오늘의 학습을 평가해 보아요. ☹ 부족함 ☺ 보통임 ☺ 잘함

63

14 풀 초(草)

새싹이 돋는 모양을 본뜬 글자로, '풀'을 뜻하고 '초'라고 읽습니다.

○ 오늘 배울 한자를 순서대로 그려 보세요.

영상으로 필순보기

○ [1~4] 예문을 보고, 어휘의 뜻으로 알맞은 말을 골라 ✔표를 하세요.

수학

초 록
풀 草 초록빛 綠

이곳에는 **초록색** 눈썰매를 가진 어린이가 9명 있습니다.

↪ **1** 파랑과 [✔ 노랑 | ☐ 하양]의 중간색. 또는 그런 색의 물감.

국어

초 원
풀 草 근원 原

넓고 푸른 **초원**에 아주 많은 동물이 모여 살았어요.

↪ **2** 풀이 나 있는 [☐ 화단 | ☐ 들판].

국어

약 초
약 藥 풀 草

부모님이 **약초**를 캐러 다부쉬타 정글로 가셨거든.

↪ **3** [☐ 약 | ☐ 옷감 | ☐ 식량]으로 쓰는 풀.

'푸성귀'는 채소나 저절로 난 나물을 말해.

과학

초 식
풀 草 먹을 食

나뭇잎이나 가지를 먹는 **초식** 동물로는 기린, 사슴 등이 있어요.

↪ **4** 주로 [☐ 물 | ☐ 풀 | ☐ 생선]이나 푸성귀*만 먹고 삶.

문제로 어휘 力 높여요

1 밑줄 친 글자가 '풀'을 뜻하는 어휘를 고르세요.

① 초보   ② 초가집   ③ 초인종   ④ 초대장   ⑤ 초등학교

2 빈칸에 공통으로, '풀 초(草)'가 들어간 어휘를 쓰세요.

- 숲의 ㅊ ㄹ 빛깔은 사람의 마음을 편안하게 해 주는 색깔이라고 해요.

- 처지가 비슷한 사람끼리 서로 감싸 줄 때 ' ㅊ ㄹ 은 동색'이라는 속담을 쓸 수 있어요.

[✎   ]

3 밑줄 친 '이것'이 무엇인지 골라 ✔표를 하세요.

아인: <u>이것</u>은 풀의 한 종류야.

종하: <u>이것</u>은 상처를 치료할 때 쓰이기도 해.

원준: 오래전부터 민간요법으로 <u>이것</u>이 사용되었대.

☐ 잡초(雜草)

☐ 약초(藥草)

4 빈칸에 알맞은 어휘를 **보기**에서 골라 쓰세요.

보기

초원   초식

1 넓은 [   ] 에서는 양들이 한가롭게 풀을 먹고 있었다.

2 동물은 먹이의 종류에 따라 [   ] 동물과 육식 동물로 나눌 수 있다.

○ '풀 초(草)'가 들어가는 어휘를 넣어서 글을 써 보세요.

나는 숲이 아름답게 우거진 수목원의 숲 해설가예요. 오늘 소풍을 온 친구들이 수목원을 잘 둘러볼 수 있도록 안내해 볼까요?

도움말 초록, 약초, 화초, 초목 등에 '풀 초(草)'가 들어가요.

예 우리 수목원에는 다양한 화초가 있어서, 화려한 꽃의 아름다움과 초록빛 풀의 싱그러움을 온몸으로 느낄 수 있어요. 자, 저를 따라오세요.

따라 쓰며 **한자** 力 완성해요

草	草			
풀	초	풀	초	

오늘의 학습을 평가해 보아요. (◕︵◕) 부족함 (◕‿◕) 보통임 (◕◡◕) 잘함

15 꽃 화(花)

풀을 뜻하는 '艹(草, 풀 초)'와 '化(될 화)'를 합한 글자로, 풀이 변하여 꽃봉오리를 맺는다는 데서 '꽃'을 뜻하고 '화'라고 읽습니다.

○ 오늘 배울 한자를 그림 속에서 찾아보세요.

《 영상으로 필순보기 》

一 十 艹 艹 艿 艿 花 花

○ [1~4] 두 개의 뜻 중에서 어휘의 알맞은 뜻을 찾아 ✓표를 하세요.

봄
화 단
꽃 花   단 壇

1
☐ 꽃을 아름답게 꾸며 파는 가게.
☑ 꽃을 심으려고 흙을 높게 하여 꾸며 놓은 꽃밭.

화단 위에 쌓여 있던 하얀 눈은 사라지고 파릇파릇한 새싹이 돋아나고 있네요.

국어
화 분
꽃 花   동이 盆

2
☐ 꽃을 심어 가꾸는 그릇.
☐ 꽃으로 무늬를 내어 만든 그릇.

아무도 모르게 내 강낭콩 화분을 영주 화분 옆에 뒀다.

봄
화 초
꽃 花   풀 草

3
☐ 가꾸지 않아도 저절로 나서 자라는 풀.
☐ 꽃이 피는 풀과 나무. 또는 관상용*으로 키우는 식물.

할아버지는 화초를 가꾸는 데 시간을 많이 쓰신다.

'관상용'이란 두고 보면서 즐기는 데 쓰는 것을 말해.

겨울
무 궁 화
없을 無   다할 窮   꽃 花

4
☐ 우리나라에서 피는 모든 꽃.
☐ 아욱과의 낙엽 활엽 관목으로 우리나라를 대표하는 꽃.

무궁화 모양을 활용해 물건을 만들어 봅시다.

문제로 어휘力 높여요

1 왼쪽에 있는 한자(漢字)가 쓰인 어휘에 ✔표를 하세요.

花
꽃 화

☐ <u>화</u>요일　　☐ 수채<u>화</u>　　☐ 무궁<u>화</u>

2 빈칸에 알맞은 어휘를 보기에서 골라 쓰세요.

보기

화단　　화분　　화초

1 수목원의 온실은 온갖 [　　　]로 가득했다.

2 채윤이는 꽃집에 들러 나팔꽃 씨를 심을 작은 [　　　]을 샀다.

3 우리는 작은 돌을 차곡차곡 쌓아 [　　　]을 만들고 꽃을 심었다.

3 어휘의 뜻과 그 뜻에 맞는 어휘를 선으로 이으세요.

1 　살아 있는 풀이나 나무에서 얻은 진짜 꽃.　　　　　•

•㉠ 조화(造花)

2 　종이, 천, 비닐 등을 재료로 하여 인공적으로 만든 꽃.　　•

•㉡ 생화(生花)

4 빈칸에 공통으로 들어갈 글자에 ○표를 하세요.

전국 곳곳에서 벚꽃이 개[　]했습니다. 주말에는 봄비가 내리며 낙[　]가 시작될 예정이니 꽃구경을 하실 분들은 서두르시기 바랍니다.

화(花)　　　　초(草)　　　　목(木)　　　　구(口)

○ '꽃 화(花)'가 들어가는 어휘를 넣어서 글을 써 보세요.

친구가 다리를 다쳐 꽃구경을 함께 못 가게 되었어요. 우울해하는 친구에게 어떤 말로 힘을 줄 수 있을까요?

도움말 화분, 화원, 개화, 화병 등에 '꽃 화(花)'가 들어가요.

예 너에게 주려고 화분 하나를 샀어. 개화하면 네가 좋아하는 작고 흰 꽃도 볼 수 있으니, 네게 힘이 되면 좋겠어. 곧 만나자, 친구야!

따라 쓰며 **한자**力 완성해요

花	花		
꽃 화	꽃 화		

오늘의 학습을 평가해 보아요. 😞 부족함 😐 보통임 😊 잘함

1~2 다음 글을 읽고, 물음에 답하세요.

요즘 청소년(靑少年)에게 숲은 낯선 곳입니다. 저 역시 산사태(山沙汰)나 산불 관련 뉴스와 관련하여 텔레비전 화면에서 보던 숲이 대부분입니다. 제가 즐겨 읽은 동화책에서도 숲은 무서운 산짐승이 숨어 있는 곳, 주인공이 길을 잃어 헤매는 곳 으로 그려집니다. 그래서인지 숲의 짙은 청록색(靑綠色)이 떠오르면 그 속에 무언 가가 숨어 있을 것 같아 서늘한 느낌이 듭니다.

그런 제가 어제 숲에 다녀왔습니다. 평소 등산(登山)을 즐기시는 아빠의 안내를 받으며 숲의 아름다움을 온몸으로 느꼈습니다. 꽃샘추위에도 예쁘게 개화한 개나 리와 초록(草綠)색 나뭇잎을 보니 감탄이 나왔고, 여기저기서 지저귀는 새소리에 콧노래도 불렀습니다. 어제의 경험으로, 숲에 대한 생각이 완전히 달라졌다는 것은 명백(明白)했습니다.

1 이 글의 핵심 내용을 파악하여 빈칸에 들어갈 어휘를 쓰세요.

〔 ☐의 아름다움 〕

2 글쓴이에 대한 설명으로 알맞은 것을 고르세요.

① 숲에 간 경험이 많다.　　　② 숲에서 길을 잃은 적이 있다.

③ 어제 친구에게 숲 안내를 받았다.　　　④ 꽃샘추위로 숲에서 꽃을 볼 수 없었다.

⑤ 숲 체험 후, 숲에 대한 생각이 바뀌었다.

생활 속 성어

금 상 첨 화

비단 錦　위 上　더할 添　꽃 花

'왕안석'의 글에 나온 말로, 좋은 곳에 초대를 받아 좋은 음 식을 먹으면서 노래까지 듣게 된 것이 마치 비단 위에 꽃을 더한 것 같이 좋다고 한 말에서 유래되었습니다. 좋은 것에 더 좋은 것이 더해질 때 쓰는 말입니다.

> 엄마, 이번 내 생일이 어린이날과 겹치네요!

> 어머! 좋은 날에 더 좋은 날이 더해 졌네. 금상첨화가 따로 없어.

> 선물 하나만 주실 건 아니죠? 선물 위에 더 좋은 선물 기대할게요.^^

> 뭐라고? ㅋㅋㅋ

놀이로 정리해요

정답과 해설 121쪽

● 뜻풀이에 해당하는 어휘를 골라 퍼즐을 맞춰 보세요.

16

동쪽 동(東)

'동서남북' 방향 중에 해가 떠오르는 '동쪽'을 뜻하고, '동'이라고 읽습니다.

◎ 오늘 배울 한자를 점선을 이어 확인해 보세요.

영상으로 필순 보기

一 一 一 一 一 一 一 一 一

정답과 해설 122쪽

◎ [1~4] 두 개의 뜻 중에서 어휘의 알맞은 뜻을 찾아 ✓표를 하세요.

국어

동 풍
동쪽 東   바람 風

1 ☐ 서쪽에서 부는 바람.
  ✓ 동쪽에서 부는 바람.

바람은 어느 쪽에서 불어오느냐에 따라 **동풍**, 서풍, 남풍, 북풍 등으로 부르기도 해.

국어

동 해
동쪽 東   바다 海

2 ☐ 동쪽에 있는 땅.
  ☐ 동쪽에 있는 바다.

독도에서 **동해**를 바라보니 가슴이 탁 트이는 것 같았다.

사회

동 대 문
동쪽 東   큰 大   문 門

3 ☐ 조선 시대에 만든 서울 동쪽의 큰 성문.
  ☐ 조선 시대에 만든 서울 남쪽의 작은 성문.

우리 동네에는 **동대문**이 있어요. **동대문**은 흥인지문이라고도 해요.

'동양'은 한국, 중국, 인도를 중심으로 한 아시아 지역을, '서양'은 유럽과 아메리카 지역 전부를 뜻해요.

사회

동 서 양
동쪽 東   서쪽 西   큰바다 洋

4 ☐ 동양과 서양을 아울러 이르는 말.
  ☐ 동쪽, 서쪽, 남쪽, 북쪽의 모든 방향을 이르는 말.

수원 화성은 **동서양**의 건축 기술을 이용하여 만든 성곽입니다.

1 다음 설명에 해당하는 한자(漢字)에 ○표를 하세요.

> '동서남북' 중에 하나로, 해가 떠오르는 쪽이지. '서쪽'의 반대쪽이야.

東   西   南   北

2 '동(東)' 자를 넣어, 밑줄 친 곳과 바꾸어 쓸 수 있는 어휘를 쓰세요.

> 예빈: 지은아, 이번 여름방학에 뭐 할 거야?
>
> 지은: 우리 가족 다 함께 동쪽에 있는 바다를 보러 가기로 했어.

[✎   ]

3 다음 설명에 알맞은 어휘를 고르세요.

> 동양과 서양을 아울러 이르는 말.

① 한국   ② 동서양   ③ 동양인   ④ 서양인   ⑤ 동서남북

4 빈칸에 들어갈 어휘를 **보기** 에서 골라 한글로 쓰세요.

> **보기**
>
> 동풍(東風)   동대문(東大門)

1 이 바람은 동쪽에서 불어오고 있으니까 [   ]이라고 불러요.

2 [   ]은 서울 동쪽에 있는 큰 성문으로, '흥인지문'이라고도 해요.

글 쓰며 **표현**力 높여요

정답과 해설 122쪽

○ '동쪽 동(東)'이 들어가는 어휘를 넣어서 글을 써 보세요.

외국인 친구와 전자 우편을 주고받는데 그 친구가 한국에 대해 알고 싶어 해요. 외국인 친구에게 우리나라를 소개하는 편지글을 적어 보아요.

도움말 동풍, 동해, 동대문, 동서양, 동부 등에 '동쪽 동(東)'이 들어가요.

예 한국에는 멋진 곳들이 많아. 특히 우리나라 동부에 가면 드넓은 동해를 볼 수 있는데, 파란 바다의 풍경이 아주 예뻐. 바닷가에 서서 불어오는 동풍을 맞으면 얼마나 기분이 좋은지 몰라.

따라 쓰며 **한자**力 완성해요

東	東		
동쪽 동	동쪽 동		

오늘의 학습을 평가해 보아요. ☹ 부족함 ☺ 보통임 ☺ 잘함

17

북쪽 북(北)

두 사람이 등을 맞댄 모습을 표현하여 '등지다'라는 뜻으로 널리 쓰이던 글자입니다. 남쪽을 바라보는 집이 많이 생기면서 집이 등진 방향인 '북쪽'이라는 뜻으로 널리 쓰이게 되었습니다.

🔵 오늘 배울 한자를 색칠해 보세요.

영상으로 필순 보기

丨 丬 쒸 쒸 쒸 北

○ [1~4] 예문을 보고, 어휘의 뜻으로 알맞은 말을 골라 ✓표를 하세요.

국어

북 극

북쪽 北   다할 極

북극의 눈과 얼음이 점점 녹으면서 동물 친구들이 살 곳도 점점 사라지고 있어요.

↳ **1** 지구의 가장 [☐ 남쪽 | ✓ 북쪽]이 되는 지점.

국어

북 상

북쪽 北   위 上

지금 커다란 태풍이 우리나라로 북상하고 있으니 모두 안전에 유의하시기 바랍니다.

↳ **2** 북쪽을 향하여 [☐ 올라감 | ☐ 내려감].

겨울

북 한

북쪽 北   나라 韓

통일이 되면 기차를 타고 북한을 지나 유럽까지 가 볼 수 있을 거야.

↳ **3** 남북으로 분단된 대한민국의 휴전선 [☐ 남쪽 | ☐ 북쪽] 지역.

과학

북 두 칠 성

북쪽 北   말 斗   일곱 七   별 星

옛날 사람들은 북쪽 밤하늘의 밝은 별을 연결해 북두칠성이라는 이름을 붙였습니다.

↳ **4** 북쪽 하늘에 국자 모양으로 뚜렷하게 빛나는 [☐ 두 개 | ☐ 일곱 개]의 별.

1 다음 설명에 해당하는 한자(漢字)에 ○표를 하세요.

남쪽과 반대인 방향을 뜻하는 한자야.

東 西 南 北

2 빈칸에 알맞은 글자를 쓰세요.

1 북 [ㄱ] 에 있는 빙하가 더 녹지 않도록 자연환경을 보호해야 해.

2 장마 전선이 우리나라로 북 [ㅅ] 하고 있으니 아마 곧 비가 쏟아질 거야.

[✎   ]

3 뜻이 서로 반대되는 어휘가 되도록 빈칸에 알맞은 어휘를 고르세요.

남한
: 남북으로 분단된 대한민국의
휴전선 남쪽 지역.

⟷ 반대의 뜻

[   ]
: 남북으로 분단된 대한민국의
휴전선 북쪽 지역.

① 기한   ② 남북   ③ 북촌   ④ 북한   ⑤ 북한산

4 '북(北)' 자가 들어가는 어휘를 써서 '나'가 누구인지 쓰세요.

도움말 1. 나는 북쪽 하늘에 떠 있어요.

도움말 2. 나는 국자 모양이에요.

도움말 3. 나는 일곱 개의 별로 이루어져 있어요.

[✎   ]

⊙ '북쪽 북(北)'이 들어가는 어휘를 넣어서 글을 써 보세요.

내가 뉴스를 진행하는 아나운서가 되었다고 생각해 볼까요? 최근 벌어진 사건이나 알리고 싶은 정보를, 시청자에게 간단하게 전달해 보세요.

도움말 북상, 북한, 북두칠성, 북한산, 경상북도 등에 '북쪽 북(北)'이 들어가요.

📝 예 첫 번째 소식입니다. 예상치 못한 태풍이 북상하여 경상북도 지역에 큰 피해가 발생했다고 합니다. 현재 어떤 상황인지, 김영은 기자를 연결해 알아보겠습니다.

따라 쓰며 **한자 力** 완성해요

北		北				
북쪽	북	북쪽	북			

오늘의 학습을 평가해 보아요. 😟 부족함 😐 보통임 😊 잘함

18

바를 정(正)

발을 본뜬 '止(그칠 지)'와 '一(하나 일)'을 합한 글자로, 잘못된 것을 바로잡으러 간다는
의미에서 '바르다'를 뜻하고, '정'이라고 읽습니다.

◉ 오늘 배울 한자를 순서대로 그려 보세요.

一 丁 下 正 正

영상으로 필순 보기

'바를 정(正)'이 들어간 어휘

○ [1~4] 두 개의 뜻 중에서 어휘의 알맞은 뜻을 찾아 ✓표를 하세요.

미술

공 정
공평할 公 바를 正

1 ✓ 공평하고 올바름.

☐ 잘못된 것을 고쳐서 바로잡음.

친구들의 작품을 심사할 때에는 심사 기준을 바탕으로 예의를 갖추어 <u>공정</u>하게 심사해요.

수학

정 답
바를 正 대답 答

2 ☐ 옳은 답.

☐ 잘못된 답.

<u>정답</u>을 맞히고 싶으면 "<u>정답!</u>"이라고 말하며 손을 듭니다.

국어

정 직
바를 正 곧을 直

3 ☐ 사실이 아닌 것을 사실처럼 꾸밈.

☐ 마음에 거짓이나 꾸밈이 없이 바르고 곧음.

금동이에게 앞으로도 <u>정직</u>하게 살고 거짓말을 하지 말라고 꼭 말해 주고 싶다.

수학

정 삼 각 형
바를 正 셋 三 뿔 角 모양 形

4 ☐ 밑변이 위로, 꼭짓점이 아래로 간 삼각형.

☐ 세 변의 길이와 세 각의 크기가 모두 같은 삼각형.

교통 표지판이 <u>정삼각형</u> 모양이야.

1 밑줄 친 '정' 자의 공통된 뜻에 ✔표를 하세요.

정답(正答)　　　정직(正直)

☐ 쉽다　　　☐ 어렵다　　　☐ 바르다　　　☐ 틀리다

2 어휘의 알맞은 뜻을 괄호 안에서 골라 ○표를 하세요.

정삼각형(正三角形)

뜻 (한 변 | 세 변)의 길이와 세 각의 크기가 모두 (같은 | 다른) 삼각형.

예문 다음 정삼각형에서 한 변의 길이는 얼마인가요?

3 빈칸에 알맞은 어휘를 고르세요.

심판은 정해진 규칙에 따라 [　　　　]하게 판정하려고 노력했습니다.

① 가정　　　② 감정　　　③ 공정　　　④ 부정　　　⑤ 표정

4 대화를 읽고, '정직(正直)'하게 행동한 사람을 쓰세요.

재성: 나는 숙제를 깜빡 잊었는데, 했다고 둘러댔어.

시원: 약속 시간에 늦어서 아프다고 말을 꾸며 내었어.

지현: 돈을 주웠는데 내가 가지지 않고 주인에게 돌려주었어.

[✎　　　　　　　]

● '바를 정(正)'이 들어가는 어휘를 넣어서 글을 써 보세요.

우리 학교 상식 왕을 뽑는 대회에 참가했는데, 내가 결승에 올랐어요. 결승전에 어떤 태도로 참여할 것인지 자신의 다짐을 말해 보세요.

도움말 공정, 정답, 정직, 정확, 정정당당 등에 '바를 정(正)'이 들어가요.

예 결승까지 오르다니 감격스럽습니다. 1등도 중요하지만, 정직한 태도도 중요하다고 생각합니다. 답을 몰래 고치는 등의 부정 행동은 절대로 하지 않을 것을 약속합니다.

따라 쓰며 **한자** 力 완성해요

正	正			
바를 정	바를 정			

오늘의 학습을 평가해 보아요. 😞 부족함 😐 보통임 😊 잘함

19

평평할 평(平)

평평한 저울의 모습을 본따 만든 글자로, '평평하다'를 뜻하고 '평'이라고 읽습니다.

◐ 오늘 배울 한자를 그림 속에서 찾아보세요.

一 个 午 巫 平

영상으로 필순 보기

정답과 해설 125쪽

○ [1~4] 예문을 보고, 어휘의 뜻으로 알맞은 말을 골라 ✔표를 하세요.

과학

수 평
물 水 　 평평할 平

양팔 저울의 **수평** 조절 장치로 저울대의 **수평**을 맞춥니다.

↘ **1** [☐ 기울어 있고 울퉁불퉁한 | ✔ 기울지 않고 평평한] 상태.

도덕

평 등
평평할 平 　 등급 等

우리는 모두 **평등**하게 태어났습니다.

↘ **2** 권리, 의무, 자격 등이 모든 사람에게 [☐ 똑같음 | ☐ 다름].

국어

평 소
평평할 平 　 본디 素

이가 썩지 않도록 **평소**에 이를 잘 닦는 습관을 길러야겠습니다.

↘ **3** 특별한 일이 [☐ 있는 날 | ☐ 없는 보통 때].

사회

평 야
평평할 平 　 들 野

평야는 농사짓기가 좋아서 사람들이 많이 모여 삽니다.

↘ **4** 평평하고 아주 넓은 [☐ 들 | ☐ 바다].

1 다음 내용에 알맞은 어휘를 괄호 안에서 골라 ○표를 하세요.

> 사진을 찍을 때는 사진기가 (수평 | 평야)인지 확인하는 것이 좋아요. 그래야 사진이 기울지 않거든요.

2 다음 뜻을 가진 어휘를 고르세요.

> 평평하고 아주 넓은 들.

① 불평   ② 평생   ③ 평야   ④ 평일   ⑤ 평화

3 가로세로 낱말 퍼즐의 빈칸에 알맞은 글자를 쓰세요.

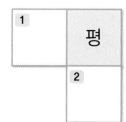

1 가로: 기울지 않고 평평한 상태.

예 나는 ○평을 맞춰 액자를 걸었다.

2 세로: 권리, 의무, 자격 등이 모든 사람에게 똑같음.

예 모든 국민은 법 앞에 평○하다.

4 '평(平)' 자를 넣어, 빈칸에 공통으로 들어갈 어휘를 쓰세요.

> 민준: 수영아, 너는 ㅍ ㅅ 에 무엇을 하면서 시간을 보내는 걸 좋아해?
>
> 수영: 나는 ㅍ ㅅ 에 자전거 타는 것을 좋아해서 공원에 자주 가.

[✐   ]

글 쓰며 **표현**力 높여요

정답과 해설 125쪽

○ '평평할 평(平)'이 들어가는 어휘를 넣어서 글을 써 보세요.

오늘은 학급을 대표하는 역할인 '반장'을 뽑는 날이에요. 내가 반장이 된다면 우리 반을 어떤 분위기로 이끌고 싶은지 친구들에게 이야기해 보세요.

도움말 수평, 평등, 평소, 평야, 평화, 불평 등에 '평평할 평(平)'이 들어가요.

예 여러분! 제가 반장이 된다면 누구나 평등한 반을 만들겠습니다. 그러면 모두 불평 없이 평화롭게 학교를 다닐 수 있을 것입니다.

따라 쓰며 **한자**力 완성해요

平	平			
평평할 평	평평할 평			

오늘의 학습을 평가해 보아요. ☹ 부족함 😐 보통임 ☺ 잘함

89

20

모/방향 방(方)

논밭을 일정한 방향으로 갈 때 사용하는 '쟁기'를 본뜬 글자로, '모*' 또는 '방향'을 뜻하고 '방'이라고 읽습니다.

'모'는 구석이나 모퉁이, 네모진 부분을 뜻하는 말입니다.

🔵 오늘 배울 한자를 색칠해 보세요.

영상으로 필순 보기

`、 二 亍 方`

정답과 해설 126쪽

● [1~4] 두개의 뜻 중에서 어휘의 알맞은 뜻을 찾아 ✔표를 하세요.

여름

방 법
모 方　법 法

1　✔ 무엇을 하기 위한 방식이나 수단.

　　☐ 남의 일을 간섭하고 막아 해를 끼침.

물을 아껴 쓸 수 있는 **방법**을 생각해 봅시다.

과학

방 향
모 方　향할 向

2　☐ 무엇이 나아가거나 향하는 쪽.

　　☐ 물체가 나아가거나 일이 진행되는 빠르기.

산에서 길을 잃은 가람이와 윤비가 지도를 보고 **방향**을 정해 길을 찾으려고 합니다.

국어

사 방
넷 四　모 方

3　☐ 동, 서의 두 방위를 통틀어 이르는 말.

　　☐ 동, 서, 남, 북의 네 방위를 통틀어 이르는 말.

할아버지는 어리둥절해서 **사방**을 둘러보았습니다.

국어

지 방
땅 地　모 方

4　☐ 땅속이나 땅속을 파고 만든 건물의 공간.

　　☐ 지형의 특징이나 일정한 기준에 따라 나눈 땅.

추운 **지방**에서는 추위를 피하려고 집 바닥을 땅바닥보다 높이 띄워 집을 짓습니다.

1

다음 설명에 해당하는 한자(漢字)에 ○표를 하세요.

구석이나 모퉁이, 네모진 부분을 나타내거나 방향을 뜻하는 한자.

古   方   五   六

2

'방(方)' 자를 넣어, 빈칸에 들어갈 어휘를 한글로 쓰세요.

ㅈ ㅂ 마다 생활과 풍습이 다릅니다.

↘ 지형의 특징이나 일정한 기준에 따라 나눈 땅.

[✎   ]

3

밑줄 친 부분과 바꾸어 쓸 수 있는 어휘에 ✔표를 하세요.

우리 할머니 댁은 <u>동, 서, 남, 북의 네 방위가</u> 모두 산으로 둘러싸여 있어서 공기가 좋다.

☐ 사방이   ☐ 전방이   ☐ 방식이

4

빈칸에 알맞은 어휘를 고르세요.

계란말이를 만드는 ☐ ─── 1. 기름을 두르고 계란을 넓게 부친다.
2. 계란 위에 다양한 재료를 올린다.
3. 계란을 돌돌 말며 익힌다.

① 방문   ② 방법   ③ 방학   ④ 예방   ⑤ 주방

○ '모/방향 방(方)'이 들어가는 어휘를 넣어서 글을 써 보세요.

어린 동생과 둘이 횡단보도를 건너게 되었어요! 길을 건너기 전에 어떻게 해야 안전하게 횡단보도를 건널 수 있는지 동생에게 차근차근 설명해 보아요.

도움말 방법, 방향, 전방, 금방 등에 '모/방향 방(方)'이 들어가요.

예 안전하게 횡단보도를 건너는 방법은 간단해. 신호등이 초록색으로 바뀌면, 차가 오지 않는지 오른쪽과 왼쪽 방향을 확인하고, 손을 들고 전방을 향해 가면 돼.

따라 쓰며 **한자力** 완성해요

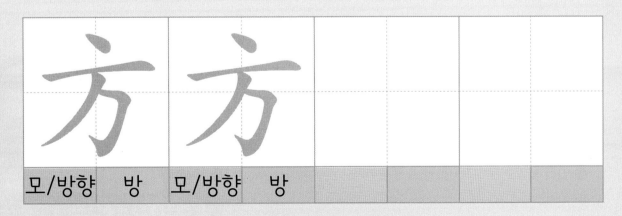

方	方			
모/방향 방	모/방향 방			

오늘의 학습을 평가해 보아요. 😞 부족함 😐 보통임 😊 잘함

93

1~2 다음 글을 읽고, 물음에 답하세요

연희에게

연희야. 잘 지냈어? 이사를 하면서 너와 작별한 지도 벌써 한 달이 지났어. 내가 이사 온 곳은 우리나라 동쪽 지방(地方)인데, 창문으로 바로 동해(東海)가 보여. 파란 하늘과 바다가 수평(水平)하게 맞닿아 있는 풍경이 참 멋져서 좋아. 그리고 이곳은 공기가 맑아서, 불어오는 동풍(東風)이 상쾌하고 밤에는 북두칠성(北斗七星)이 선명하게 빛나. 이런 경치를 볼 때마다 네가 떠오른단다. 우리 정직(正直)하고 공정(公正)한 사람이 되기로 한 약속 잊지 말고, 평소(平素)에 노력하자.

우리 집에 오는 방법(方法)을 자세히 설명해 줄게. 방학하면 놀러 와 줄래? 그때까지 건강하게 잘 지내다가 만나자. 안녕.

○○월 ○○일 서하가

1 이 글의 제목을 지을 때, 빈칸에 알맞은 말을 쓰세요.

서하가 연희에게 보내는 [　　　　]

2 이 글의 내용과 일치하지 <u>않는</u> 것을 고르세요.

① 서하는 한 달 전에 이사를 갔다. ② 서하가 이사 간 곳은 공기가 좋다.
③ 서하는 연희와 약속한 것이 있다. ④ 서하는 이사 간 곳의 풍경을 좋아한다.
⑤ 연희는 이사 간 서하네 집에 와 본 적이 있다.

생활속 성어 **동 분 서 주**
동쪽 東   달릴 奔   서쪽 西   달릴 走

'동쪽으로 달리고 서쪽으로 달린다.'라는 뜻으로, 생각할 겨를 없이 사방으로 이리저리 바쁘게 돌아다니는 상황에서 주로 쓰이는 표현입니다.

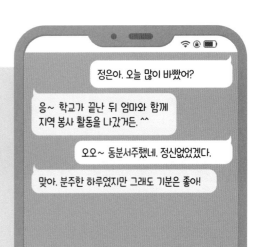

정은아. 오늘 많이 바빴어?

응~ 학교가 끝난 뒤 엄마와 함께 지역 봉사 활동을 나갔거든. ^^

오오~ 동분서주했네. 정신없었겠다.

맞아. 분주한 하루였지만 그래도 기분은 좋아!

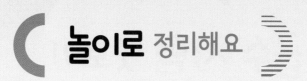

놀이로 정리해요

정답과 해설 127쪽

● 도토리에 적힌 한자가 쓰인 어휘를 골라 미로를 탈출해 보세요.

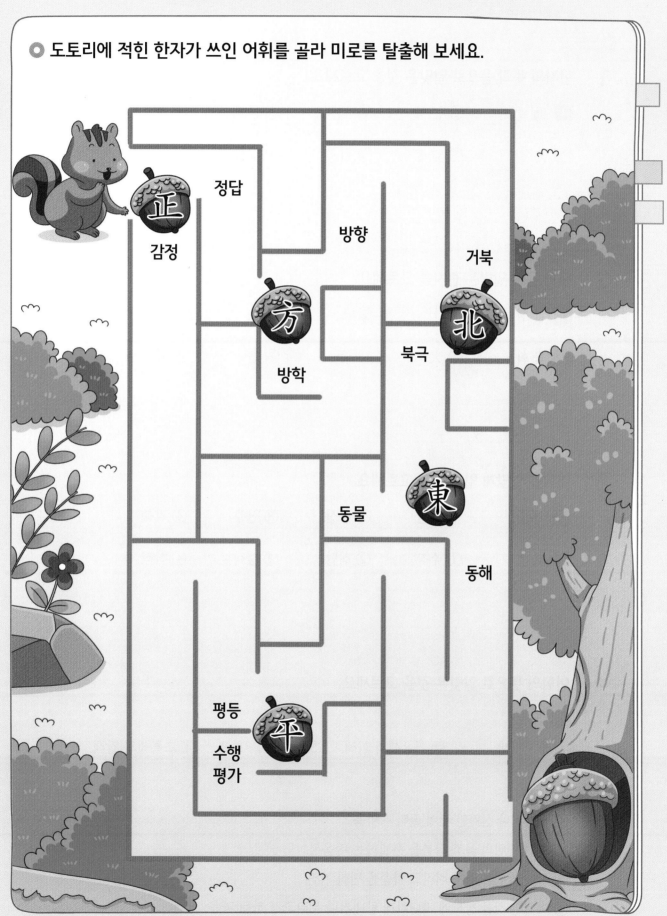

급수 시험 맛보기

1 한자의 뜻과 음으로 알맞은 것을 고르세요.

1 面 　　① 눈 목 　　② 코 비 　　③ 몸 신 　　④ 얼굴 면

2 先 　　① 앞 전 　　② 뒤 후 　　③ 그칠 지 　　④ 먼저 선

2 뜻과 음에 알맞은 한자를 고르세요.

1 날 생 　　① 十 　　② 土 　　③ 生 　　④ 性

2 꽃 화 　　① 火 　　② 古 　　③ 苦 　　④ 花

3 어휘를 알맞게 읽은 것을 고르세요.

1 江山 　　① 강산 　　② 등산 　　③ 산수 　　④ 강북

2 正直 　　① 수직 　　② 정답 　　③ 정직 　　④ 하직

4 어휘의 뜻으로 알맞은 것을 고르세요.

1 黑白

① 무지개색.　　② 검은색과 흰색.　　③ 빨간색과 회색.　　④ 초록색과 갈색.

2 安心

① 새롭거나 신기한 것에 끌리는 마음.

② 어떤 행위의 옳고 그름을 구별하는 마음씨.

③ 모든 걱정을 떨쳐 버리고 마음을 편히 가짐.

④ 어떠한 것을 정도에 지나치게 탐내거나 누리고자 하는 마음.

5 밑줄 친 어휘를 알맞게 읽은 것을 고르세요.

1 발표를 끝냈을 때 친구들이 <u>拍手</u>를 쳐 주어서 기분이 좋았다.

① 박자　　　　② 박수　　　　③ 세수　　　　④ 악수

2 갑자기 머리가 아프고, 열이 나는 것 같아서 <u>保健室</u>에 갔다.

① 도서관　　　　② 휴게소　　　　③ 보건실　　　　④ 화장실

6 밑줄 친 어휘를 한자로 알맞게 쓴 것을 고르세요.

> 코알라는 유칼립투스 나무의 잎을 먹고 사는 <u>초식</u> 동물입니다.

① 草食　　　　② 草原　　　　③ 藥草　　　　④ 肉食

7 '이목구비(耳目口鼻)'의 뜻에 해당하지 <u>않는</u> 신체 부분을 고르세요.

① 귀　　　　② 눈　　　　③ 코　　　　④ 발

8 방향을 나타내는 한자가 <u>아닌</u> 것을 고르세요.

① 東　　　　② 西　　　　③ 男　　　　④ 北

9 빈칸에 공통으로 들어갈 한자를 고르세요.

☐向	地☐	四☐

① 口　　　　② 方　　　　③ 正　　　　④ 力

정답과 해설

정답과 해설

완자

공부력 가이드

완자 공부력 시리즈는
앞으로도 계속 출간될 예정입니다.

국어 맞춤법 바로 쓰기 1~2학년용 4책

쓰기력

전과목 어휘 1~6학년용 12책

전과목 한자 어휘 1~6학년용 12책

영어 파닉스 1~2학년용 2책

영어 영단어 3~6학년용 8책

어휘력

국어 독해 1~6학년용 12책

한국사 독해 인물편 3~6학년용 4책

한국사 독해 시대편 3~6학년용 4책

독해력

수학 계산 1~6학년용 12책

계산력

완자 공부력 시리즈로 공부 근육을 키워요!

매일 성장하는
초등 자기개발서

ⓦ 완자

공부력

학습의 기초가 되는 읽기, 쓰기, 셈하기와 관련된
공부력을 키워야 여러 교과를 터득하기 쉬워집니다.
또한 어휘력과 독해력, 쓰기력, 계산력을 바탕으로 한
'공부력'은 자기주도 학습으로 상당한 단계까지 올라갈 수
있는 밑바탕이 되어 줍니다. 그래서 매일 꾸준한 학습이 가능한
'완자 공부력 시리즈'로 공부하면 자기주도학습이 가능한
튼튼한 공부 근육을 키울 수 있을 것이라 확신합니다.

효과적인 공부력 강화 계획을 세워요!

○ 학년별 공부 계획
내 학년에 맞게 꾸준하게 공부 계획을 세워요!

		1-2학년	3-4학년	5-6학년
기본	독해	국어 독해 1A 1B 2A 2B	국어 독해 3A 3B 4A 4B	국어 독해 5A 5B 6A 6B
	계산	수학 계산 1A 1B 2A 2B	수학 계산 3A 3B 4A 4B	수학 계산 5A 5B 6A 6B
	어휘	전과목 어휘 1A 1B 2A 2B	전과목 어휘 3A 3B 4A 4B	전과목 어휘 5A 5B 6A 6B
		파닉스 1 2	영단어 3A 3B 4A 4B	영단어 5A 5B 6A 6B
확장	어휘	전과목 한자 어휘 1A 1B 2A 2B	전과목 한자 어휘 3A 3B 4A 4B	전과목 한자 어휘 5A 5B 6A 6B
	쓰기	맞춤법 바로 쓰기 1A 1B 2A 2B		
	독해		한국사 독해 인물편 1 2 3 4 한국사 독해 시대편 1 2 3 4	

시기별 공부 계획

학기 중에는 **기본**, 방학 중에는 **기본 + 확장**으로 공부 계획을 세워요!

방학 중			
학기 중			
기본			확장
독해	계산	어휘	어휘, 쓰기, 독해
국어 독해	수학 계산	전과목 어휘	전과목 한자 어휘
		파닉스(1~2학년) 영단어(3~6학년)	맞춤법 바로 쓰기(1~2학년) 한국사 독해(3~6학년)

예시 초1 학기 중 공부 계획표 주 5일 하루 3과목 (45분)

월	화	수	목	금
국어 독해	국어 독해	국어 독해	국어 독해	국어 독해
수학 계산	수학 계산	수학 계산	수학 계산	수학 계산
전과목 어휘	파닉스	전과목 어휘	전과목 어휘	파닉스

예시 초4 방학 중 공부 계획표 주 5일 하루 4과목 (60분)

월	화	수	목	금
국어 독해	국어 독해	국어 독해	국어 독해	국어 독해
수학 계산	수학 계산	수학 계산	수학 계산	수학 계산
전과목 어휘	영단어	전과목 어휘	전과목 어휘	영단어
한국사 독해 인물편	전과목 한자 어휘	한국사 독해 인물편	전과목 한자 어휘	한국사 독해 인물편

01 손 수(手)

○ '손 수(手)'가 들어간 어휘
 본문 9쪽

1 **박수**(拍手)   두 [✓손뼉 | ☐손등]을 마주해서 치는 것.

2 **악수**(握手)   인사나 화해 등의 뜻으로 서로 [✓손 | ☐팔]을 내어 마주 잡는 일.

3 **수첩**(手帖)   가지고 다니는 조그마한 [✓공책 | ☐연필].

4 **수족**(手足)   [☐손과 팔 | ✓손과 발]을 아울러 이르는 말.

문제로 어휘⼒높여요
본문 10쪽

1 **수첩**
두 예문의 빈칸에는 무언가를 적어 놓을 수 있고 주머니에 들어갈 정도로 작은 크기의 물건이 들어가야 하므로, 가지고 다니는 조그마한 공책인 '수첩(手帖)'이 알맞다.

2 **두 손을 맞잡았다**
'악수(握手)'는 인사나 화해 등의 뜻으로 서로 손을 내어 마주 잡는 일이므로 '두 손을 맞잡았다'와 가장 비슷하다.

3 **ⓒ**
'박수'는 두 손뼉을 마주해서 치는 것으로, 박자를 맞추거나 ©과 같이 기쁨이나 찬성, 환영, 격려 등의 의미를 나타내는 행동이다. 붙잡힌 범죄자를 향해 '박수'를 치는 것은 어울리지 않는다.

4 **손과 발**

글 쓰며 표현⼒높여요
본문 11쪽

예시 손아. 사고로 손을 다치고 한동안은 밥을 먹는 것도, 세수를 하는 것도, 수첩에 글을 적기도 어렵더라. 모두 네가 있어서 할 수 있는 일들이었어. 항상 고마운 마음 잊지 않을게.

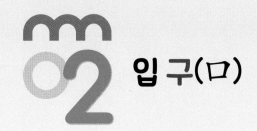

입 구(口)

○ '입 구(口)'가 들어간 어휘
본문 13쪽

1 인구(人口)
- ☑ 일정한 지역에 사는 사람의 수.
- ☐ 특정한 지역에 있는 사물의 수.

2 식구(食口)
- ☐ 한 학교에 다니면서 오래 사귄 사람.
- ☑ 한집에서 함께 살면서 끼니를 같이하는 사람.

3 비상구(非常口)
- ☐ 갑자기 솟구쳐서 뿜어져 나오는 구멍.
- ☑ 급히 빠져나갈 수 있도록 만들어 놓은 문.

4 이목구비(耳目口鼻)
- ☐ 이와 잇몸을 아울러 이르는 말.
- ☑ 귀·눈·입·코를 아울러 이르는 말.

문제로 어휘⼒높여요
본문 14쪽

1 손

'이목구비(耳目口鼻)'는 '귀 이(耳)', '눈 목(目)', '입 구(口)', '코 비(鼻)'를 합한 어휘로 귀·눈·입·코를 아울러 이르는 말이다. '손'은 '이목구비'의 뜻에 포함되지 않는다.

2 식구

'식구(食口)'는 한집에서 함께 살면서 끼니를 같이하는 사람을 의미하므로, '가족(家族)'과 뜻이 비슷하다.

3 인구

제시된 예문은 백만 명이 넘는 사람들이 사는 화려한 대도시의 모습을 표현한 문장이므로, 빈칸에는 일정한 지역에 사는 사람의 수를 의미하는 '인구(人口)'가 들어가는 것이 알맞다.

4 ③

제시된 표지판은 '화재나 지진 등의 갑작스러운 사고가 일어날 때에 급히 빠져나갈 수 있도록 만들어 놓은 문.'인 '비상구(非常口)'의 위치를 알려 준다.

글 쓰며 표현⼒높여요
본문 15쪽

예시 영화관 입구에서 비상구의 위치를 알려 주는 지도를 휴대 전화 카메라로 찍어 두었어요. 우리 식구 모두 안전하게 대피할 수 있어요.

얼굴/겉 면(面)

본문 17쪽

○ '얼굴/겉 면(面)'이 들어간 어휘

1	면도(面刀)	얼굴이나 몸에 난 수염이나 잔털을 [☐ 기름 | ☑ 깎음].
2	내면(內面)	밖으로 [☐ 드러나는 | ☑ 드러나지 않는] 사람의 속마음.
3	화면(畫面)	텔레비전이나 컴퓨터 등에서 그림이나 영상이 나타나는 [☑ 면 | ☐ 시간].
4	장면(場面)	어떤 장소에서 벌어지는 [☐ 생각 | ☑ 광경].

문제로 어휘力 높여요

본문 18쪽

1 얼굴

'세면', '면접', '가면'은 모두 '얼굴'이라는 의미를 포함하므로, 여기에 쓰인 '면(面)'은 공통적으로 '얼굴'을 뜻한다.

2 ①

할아버지의 수염이 턱 밑으로 내려왔다는 내용으로 보아, 빈칸에는 얼굴이나 몸에 난 수염이나 잔털을 깎는 것을 의미하는 '면도(面刀)'의 '도'가 들어가는 것이 알맞다.

3 내면

'까마귀가 검기로 마음도 검겠냐.'는 겉모습과 그 마음은 서로 다르니, 외적인 모습만 보고 상대방을 판단하지 않아야 한다는 뜻의 속담이다. 그러므로 빈칸에는 밖으로 드러나지 않는 사람의 속마음을 의미하는 '내면(內面)'이 들어가는 것이 알맞다.

4 1 화면   2 장면

1 텔레비전에 아는 사람이 나왔다고 했으므로, 빈칸에는 텔레비전이나 컴퓨터 등에서 그림이나 영상이 나타나는 면을 뜻하는 '화면(畫面)'이 들어갈 수 있다.

2 사고가 난 것을 목격하고 경찰에 신고했다고 했으므로, 빈칸에는 어떤 장소에서 벌어지는 광경을 뜻하는 '장면(場面)'이 들어갈 수 있다.

글 쓰며 표현力 높여요

본문 19쪽

예시 친구야. 스마트폰 화면만 오래 보면 네 시력이 점점 나빠지게 될 거야. 화면에서 눈을 들어 주위를 둘러보면 네 내면을 풍성하게 해 주는 재미있는 일들이 많아. 그래서 말인데, 스마트폰 하는 시간을 정해 놓으면 좋을 것 같아.

마음 심(心)

'마음 심(心)'이 들어간 어휘

본문 21쪽

1	안심(安心)	☑ 모든 걱정을 떨쳐 버리고 마음을 편히 가짐.
		☐ 어떠한 것을 지나치게 탐내거나 누리고자 하는 마음.
2	심장(心臟)	☐ 불필요한 것을 오줌으로 걸러내는 일을 하는 기관.
		☑ 피를 몸 전체로 보내는, 우리 몸의 중심인 근육 기관.
3	양심(良心)	☐ 새롭거나 신기한 것에 끌리는 마음.
		☑ 자신의 행위의 옳고 그름을 판단하고, 바른 말과 행동을 하려는 마음.
4	심신(心身)	☐ 사람의 몸을 이르는 말.
		☑ 마음과 몸을 아울러 이르는 말.

문제로 어휘力 높여요

본문 22쪽

1 안심할

동생의 소식을 듣고 나서 불안한 마음이 사라졌다는 내용의 문장이다. 이 문장에서 '마음을 놓다'는 '마음을 편안하게 하다.'라는 뜻을 지닌 말로, 모든 걱정을 떨쳐 버리고 마음을 편히 가짐을 의미하는 '안심(安心)'과 뜻이 비슷하다.

2 양심

두 문장 모두 옳고 그름을 판단하여 바르게 행동하는 상황이므로, 빈칸에는 '양심(良心)'이 들어갈 수 있다.

3 확신

'확신(確信)'은 '굳게 믿음.'이라는 뜻으로, 이 어휘에서 '신'은 '몸 신(身)'이 아닌 '믿을 신(信)'을 쓴다.

4 심장

'심장(心臟)'은 피를 몸 전체로 보내는, 우리 몸의 중심인 근육 기관으로 '도움말 1~3'의 설명에 모두 해당한다.

글 쓰며 표현力 높여요

본문 23쪽

예시 전 '질투심'만은 절대 갖고 싶지 않아요. 다른 사람을 질투하게 되면, 그 사람을 볼 때마다 자꾸 심술이 나거든요.

힘 력(力)

본문 25쪽

○ '힘 력(力)'이 들어간 어휘

1	노력(努力)	어떤 일을 이루기 위하여 힘을 들이고 [☑ 애를 씀	☐ 꾀를 부림].
2	실력(實力)	실제로 갖추고 있는 [☐ 부와 명예	☑ 힘이나 능력].
3	체력(體力)	[☐ 눈	☑ 몸	☐ 손]을 움직여 어떤 일을 할 수 있는 힘.
4	속력(速力)	속도의 크기. 또는 속도를 이루는 [☑ 힘	☐ 모양].

문제로 **어휘**力 높여요

본문 26쪽

1 ②

제시된 예문은 힘든 상황에서도 애를 쓴 과학자에 대한 내용이므로, 빈칸에는 어떤 일을 이루기 위하여 힘을 들이고 애를 씀을 의미하는 '노력(努力)'이 들어가는 것이 알맞다.
① '권력(權力)'은 남을 지배하여 복종시키는 힘을, ③ '능력(能力)'은 일을 해내는 힘을, ④ '압력(壓力)'은 무엇을 누르거나 자기에게 따르도록 밀어붙이는 힘을, ⑤ '세력(勢力)'은 권력이나 기세의 힘을 의미한다.

2 속력

버스와 비행기의 빠르기를 비교하고 있으므로, 빈칸에는 '속력(速力)'이 들어갈 수 있다.

3 실력

'다희'를 포함하여 대회에 나온 사람들의 능력이나 재량 등에 대해 이야기하고 있는 내용이므로, 빈칸에는 실제로 갖추고 있는 힘이나 능력을 뜻하는 '실력(實力)'이 들어갈 수 있다.

4 1 ○ 2 ○ 3 ×

'체력(體力)'은 몸을 움직여 어떤 일을 할 수 있는 힘이다. 적당한 시간 동안 운동을 하거나, 우리 몸에 필요한 영양소를 골고루 섭취하거나, 충분히 잠을 자는 것은 체력을 기르는 데에 도움이 되지만, 잠을 줄여 가며 밤늦게까지 책을 읽는 것은 체력을 기르는 데에 도움이 되지 않는다.

글 쓰며 **표현**力 높여요

본문 27쪽

예시 나는 수영 선수가 꿈이라, 지치지 않는 체력을 갖고 싶어. 그럼 내가 원하는 실력이 될 때까지 끊임없이 연습할 수 있을 거야. 체력을 나에게 선물해 주겠니?

독해로 마무리해요
본문 28쪽

1 금메달

기자는 '○○○ 선수'를 인터뷰할 때 "금메달을 받은 것을 축하드립니다!"라고 말하고 있다. 즉, 기자는 '○○○ 선수'가 올림픽에서 금메달을 받았기 때문에 축하 인사를 건네는 것이다.

2 ①, ⑤

'○○○ 선수'는 올림픽을 어떻게 준비했냐는 기자의 질문에 실력이 뛰어난 선수의 경기 장면을 여러 번 보았고, 체력을 기르기 위해 매일 달리기를 했다고 대답했다.
② 경쟁할 수 있는 선수들과 함께 연습하지 않았다. ③ 수첩에는 자신의 부족한 점이 아니라 뛰어난 선수에게서 배울 점을 적었다. ④ 심장이 쿵쾅거릴 때까지 한 것은 수영이 아니라 달리기이다.

놀이로 정리해요
본문 29쪽

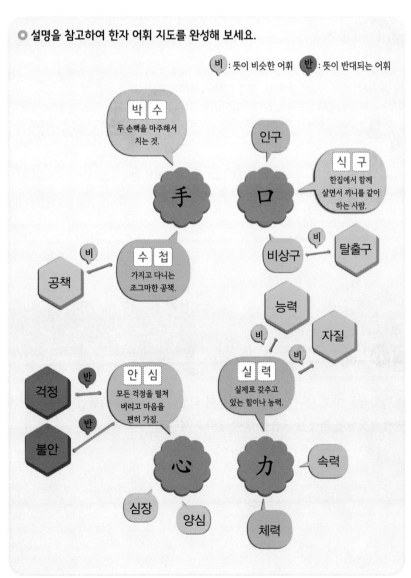

설명을 참고하여 한자 어휘 지도를 완성해 보세요.

비 : 뜻이 비슷한 어휘   반 : 뜻이 반대되는 어휘

06 배울 학(學)

○ '배울 학(學)'이 들어간 어휘 본문 31쪽

1	학교(學校)	학생을 [✔ 가르치는 | ☐ 잠재우는] 기관. 또는 그 건물.
2	학생(學生)	학교에 다니면서 [☐ 돈을 버는 | ✔ 공부를 하는] 사람.
3	입학(入學)	학생이 되어 공부하기 위해 [☐ 집 | ✔ 학교]에 들어감.
4	방학(放學)	일정 기간 [✔ 수업 | ☐ 시험]을 쉬는 일.

문제로 어휘力 높여요 본문 32쪽

1 배우다

'學'은 아이가 가르침을 받아 배움을 얻어가는 곳을 표현한 글자로, '배우다'를 뜻하고 '학'이라고 읽는다.

2 학생

'나'는 초등학교에 다니고 있고 언니는 중학교에 다니고 있으므로, 빈칸에는 학교에 다니며 공부하는 사람을 의미하는 '학생(學生)'이 들어갈 수 있다.

3 ③

학생이 되어 공부하기 위해 학교에 들어가는 것을 '입학(入學)'이라고 한다.
① 과학(科學): 자연과 사회의 보편적인 진리나 법칙을 발견하기 위해 연구하는 학문. ② 방학(放學): 일정 기간 수업을 쉬는 일. ④ 졸업(卒業): 학교에서 정해진 과정을 모두 마치는 것. ⑤ 하교(下校): 공부를 끝내고 학교에서 집으로 돌아옴.

4 방학

시간과 할 일을 보면, 학교에 갈 시간에 학교에 가지 않고 동생에게 책을 읽어 주는 내용이 있다. 따라서 이 계획표는 일정 기간 수업을 쉬는 '방학(放學)' 동안에 할 일을 쓴 것임을 알 수 있다.

글 쓰며 표현力 높여요 본문 33쪽

예시 초등학교 입학식을 하고 나니 진짜 초등학생이 되었다는 생각에 기분이 좋아요. 학교생활도, 학습도 열심히 하면서 부모님께 의젓한 모습을 보여 드리고 싶어요.

07 날 생(生)

○ '날 생(生)'이 들어간 어휘   본문 35쪽

1	생명(生命)	☑ 살아서 숨 쉬게 하는 힘. ☐ 원래대로 돌아가려는 힘.
2	생활(生活)	☐ 하지 않아도 좋을 헛된 고생. ☑ 사람이나 동물이 일정한 환경에서 활동하며 살아감.
3	인생(人生)	☐ 사람이 살아 있지 않은 기간. ☑ 사람이 세상에서 살아 나가는 일.
4	발생(發生)	☑ 어떤 일이나 사물이 생겨남. ☐ 어떤 어려움이나 문제가 풀림.

(문제로 어휘力높여요   본문 36쪽

1 生
두 어휘의 빈칸에 공통으로 들어갈 한자는 '살다'를 뜻하는 '生(생)'이 알맞다. '心'은 '마음 심', '手'는 '손 수', '力'은 '힘 력'이다.

2 ②
'목숨'은 사람이나 동물이 숨을 쉬며 살아 있는 힘을 이르는 말로, '생명(生命)'과 뜻이 비슷하다.
① 생물(生物): 살아 있는 모든 것. ③ 생사(生死): 사는 일과 죽는 일. ④ 생존(生存): 살아남음. ⑤ 생일(生日): 태어난 날.

3 발생
아파트에 불이 난 상황을 알리는 내용이므로, 빈칸에는 어떤 일이 일어남을 뜻하는 '발생(發生)'이 들어갈 수 있다.

4 ©
③, ©, ②은 사람이 살아가는 것과 관련된 문장이므로, 밑줄 친 곳에 사람이 세상에서 살아 나가는 일을 의미하는 '인생(人生)'
을 쓸 수 있다. 그러나 ©은 새로운 전염병이 생겨났다는 내용이므로, 밑줄 친 곳에 '인생'을 쓰기엔 알맞지 않다. 어떤 일이나
사물이 생겨남을 의미하는 '발생(發生)' 등이 들어갈 수 있다.

(글 쓰며 표현力높여요   본문 37쪽

예시 엄마, 저에게 생명을 주시고 저를 길러주셔서 감사합니다. 누구보다 바르게 생활하는 모습으로, 엄마께
부끄럽지 않은 딸이 되도록 노력할게요. 그리고 늘 엄마의 인생을 응원하는 딸이 되겠습니다.

가르칠 교(敎)

○ '가르칠 교(敎)'가 들어간 어휘   본문 39쪽

1	교사(敎師)	☐ 학교에 다니면서 공부하고 배우는 사람.
		☑ 주로 학교에서 학생을 가르치거나 돌보는 사람.
2	교실(敎室)	☐ 학교에서 학생의 건강에 관한 일을 맡아보는 방.
		☑ 학교에서 선생님이 학생들을 가르치는 데 쓰는 방.
3	교육(敎育)	☐ 먹을 것과 잠잘 곳을 마련해 주며 길러 줌.
		☑ 지식과 기술 등을 가르치며 인격과 능력을 길러 줌.
4	교과서(敎科書)	☑ 학교에서 어떤 과목을 가르치기 위한 책.
		☐ 책을 모아 두고 여러 사람이 보도록 만든 방.

(문제로 **어휘**力높여요   본문 40쪽

1 교, 가르치다

'敎'는 '가르치다'를 뜻하는 한자로, '교'라고 읽는다.

2 교사

누군가를 가르치는 일을 하며, 학교에서 학생을 가르치거나 돌본다고 했으므로 가장 알맞은 직업은 '교사(敎師)'이다.
'의사'는 병을 고치는 것을 직업으로 하는 사람, '사육사'는 동물원에서 동물을 기르거나 훈련하는 일을 직업으로 하는 사람, '요리사'는 요리를 전문으로 하는 사람이다.

3 ④

학교에서 어떤 과목을 가르치기 위한 책을 '교과서(敎科書)'라고 한다.
① 계약서(契約書): 계약의 내용을 적은 문서. ② 보고서(報告書): 보고하는 내용을 적은 문서. ③ 안내서(案內書): 어떤 내용을 소개하는 글이나 책. ⑤ 이력서(履歷書): 자기의 학업이나 직업 등을 적은 문서.

4 1 교육 2 교실

1 안전하게 생활하는 방법을 배우는 상황이므로, 빈칸에는 지식과 기술 등을 가르치며 인격과 능력을 길러 주는 활동인 '교육(敎育)'이 알맞다.
2 곧 수업 시간이니 자리에 돌아가서 앉자고 말하는 상황이므로, 빈칸에는 선생님이 학생들을 가르치는 데 쓰는 방인 '교실(敎室)'이 알맞다.

(글 쓰며 **표현**力높여요   본문 41쪽

예시 우리 교실에 온 걸 환영해. 내 책상 위에 있는 책은 교과서라고 하는데, 과목마다 달라. 지금 네가 보고 있는 책은 국어 수업을 들을 때 사용하는 국어 교과서야.

집 실(室)

○ '집 실(室)'이 들어간 어휘

본문 43쪽

1	**실내(室內)**	방이나 건물의 [☑ 안 | ☐ 밖].
2	**거실(居室)**	가족이 모여서 생활하는 [☐ 시간 | ☑ 공간].
3	**화장실(化粧室)**	[☐ 시험 | ☑ 대변과 소변]을 볼 수 있게 만들어 놓은 곳.
4	**보건실(保健室)**	학교나 회사에서 사람들의 [☐ 지식 | ☑ 건강]에 관한 일을 맡아보는 곳.

문제로 **어휘**⼒높여요

본문 44쪽

1 室

사람이 이르러 머무는 집을 나타내면서 '실'이라고 읽는 한자는 '室(집 실)'이다. '學'은 '배울 학', '敎'는 '가르칠 교', '生'은 '날 생'이다.

2 ①

'건물 안'으로 들어왔다고 했으므로, 이와 뜻이 비슷한 어휘는 '집 실(室)'과 '안 내(內)'가 쓰인 '실내(室內)'이다.
② 실망(失望): 바라던 일이 뜻대로 되지 아니하여 마음이 몹시 상함. ③ 실수(失手): 조심하지 아니하여 잘못함. ④ 실패(失敗): 일을 잘못하여 뜻한 대로 되지 아니하거나 그르침. ⑤ 야외(野外): 집이나 건물의 밖.

3 **1** 화장실   **2** 보건실

1 소변이 마려워 참기 힘들 때에는 대변과 소변을 볼 수 있게 만들어 놓은 곳인 '화장실(化粧室)'로 가야 한다.
2 학교에서 다쳤을 때에는 학교나 회사에서 사람들의 건강에 관한 일을 맡아보는 곳인 '보건실(保健室)'로 가야 한다.

4 실

가족이 모여서 생활하는 공간을 '거실(居室)'이라고 하고, 방이나 건물 안에서만 신는 신을 '실내화(室內靴)'라고 한다. 따라서 빈칸에 들어갈 글자는 '실'이다.

글 쓰며 **표현**⼒높여요

본문 45쪽

예시 공원이나 미용실, 전철 등과 같은 편의 시설이 가까운 집에서 살고 싶어요. 그리고 많은 친구들을 집으로 초대할 수 있게 거실도 넓었으면 좋겠어요.

10 먼저 선(先)

본문 47쪽

○ '먼저 선(先)'이 들어간 어휘

1 **선두(先頭)**
   ☐ 먼저와 나중. 앞뒤를 아울러 이르는 말.
   ☑ 여럿이 나아갈 때나 무슨 일을 할 때의 맨 앞.

2 **선조(先祖)**
   ☐ 먼 훗날의 후손들.
   ☑ 먼 윗대의 옛 어른들.

3 **우선(于先)**
   ☑ 무엇보다도 앞섬.
   ☐ 무엇보다도 뒤처짐.

4 **선생님(先生님)**
   ☑ 학생을 가르치는 사람을 높여 이르는 말.
   ☐ 학교에서 공부하는 사람을 낮춰 이르는 말.

(문제로 **어휘**力높여요)
본문 48쪽

1 **두천**
'先' 자는 사람의 머리 부분보다 먼저 내디딘 발자국의 모양을 나타낸 글자로, '먼저'를 뜻하고 '선'이라고 읽는다. 반대 뜻을 지닌 말에는 '나중'이 있다.

2 **선생님**
학교 수업 중에 궁금한 점을 물어볼 수 있는 사람에 대한 내용이므로, 학생을 가르치는 사람을 이르는 '선생(先生)님'이 알맞다. '선조(先祖)'는 먼 윗대의 옛 어른들을 이르는 말이다.

3 **④**
요리를 할 때 다른 것보다 손 씻는 일을 먼저 해야 한다는 내용이므로, 빈칸에는 무엇보다도 앞섬을 의미하는 '우선(于先)'이 들어가는 것이 알맞다.
① 선배(先輩): 같은 분야에서 지위나 나이가 자기보다 많거나 앞선 사람. ② 선발(先發): 남보다 앞서 길을 떠남. ③ 선후(先後): 먼저와 나중을 아울러 이르는 말. ⑤ 우승(優勝): 경기, 경주에서 이겨 첫째를 차지함.

4 **이민선**
'선두(先頭)'는 여럿이 나아갈 때나 무슨 일을 할 때의 맨 앞을 뜻하므로 순위가 가장 앞선 사람을 고르면 된다. 그러므로 득점 7점으로 1등을 달리고 있는 '이민선'이 현재 득점 선두이다.

(글 쓰며 **표현**力높여요)
본문 49쪽

예시 '꼬리잡기' 놀이는 어때? 우선 여러 명이 길게 줄을 지어 선 뒤에, 그 줄의 선두가 상대 줄의 마지막 사람을 잡는 거야.

독해로 마무리해요
본문 50쪽

1 생활

이 글은 교장 선생님이 학교에서 올바르게 생활하는 방법을 설명하는 내용이다.

2 ⑤

학교에서 올바르게 생활하는 세 번째 방법으로, 다치는 사고가 발생하지 않도록 위험한 장난을 치지 않아야 한다고 하였으므로, ⑤가 알맞다.

① 다쳤을 때 가는 곳은 화장실이 아니라 보건실이다. ② 화장실은 쉬는 시간에 다녀오라고 했지만 수업 중간에 가고 싶으면 선생님께 말씀드리고 다녀오라고 하였다. ③ 교과서는 항상 가지고 와야 한다고 하였다. ④ 설명하고 있는 사람은 교장 선생님이다.

놀이로 정리해요
본문 51쪽

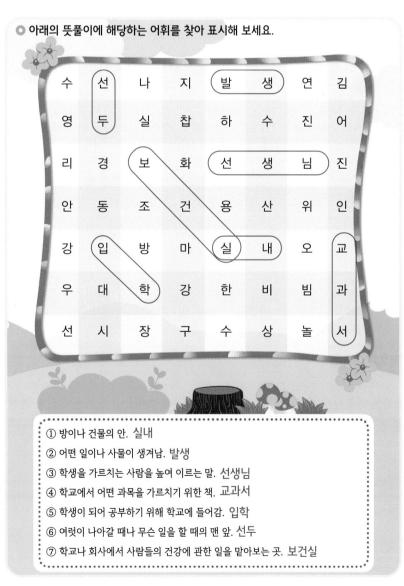

아래의 뜻풀이에 해당하는 어휘를 찾아 표시해 보세요.

① 방이나 건물의 안. 실내
② 어떤 일이나 사물이 생겨남. 발생
③ 학생을 가르치는 사람을 높여 이르는 말. 선생님
④ 학교에서 어떤 과목을 가르치기 위한 책. 교과서
⑤ 학생이 되어 공부하기 위해 학교에 들어감. 입학
⑥ 여럿이 나아갈 때나 무슨 일을 할 때의 맨 앞. 선두
⑦ 학교나 회사에서 사람들의 건강에 관한 일을 맡아보는 곳. 보건실

푸를 청(青)

○ '푸를 청(青)'이 들어간 어휘

본문 53쪽

1 **청자**(青瓷)
흙을 빚어서 높은 온도로 구운, [✓ 푸른 | ☐ 붉은] 빛깔의 그릇.

2 **청소년**(青少年)
청년과 [✓ 소년 | ☐ 노인]을 아울러 이르는 말.

3 **청록색**(青綠色)
푸른빛을 띤 [☐ 빨간색 | ✓ 초록색 | ☐ 노란색]. 또는 그런 색의 물감.

4 **청포도**(青葡萄)
① [☐ 잘 익은 | ✓ 덜 익은] 푸른 포도.
② 포도의 품종 중에서 열매가 [☐ 노란 | ✓ 푸른] 것.

문제로 어휘⑦높여요

본문 54쪽

1 푸르다
'청산(青山)'은 풀과 나무가 우거진 푸른 산을 '청록색(青綠色)'은 푸른빛을 띤 초록색을, 청포도(青葡萄)는 덜 익은 푸른 포도나 열매가 푸른 포도의 품종을 뜻한다. 따라서 이 세 어휘에 쓰인 '청'의 공통된 뜻은 '푸르다'이다.

2 청귤
'청귤'은 '익지 아니한 푸른 귤.'을 가리킨다.

3 **1** 청소년 **2** 청자
1 '청소년(青少年)'은 청년과 소년을 아울러 이르는 말로, 어린이와 어른 사이의 시기라고 볼 수 있다.
2 '청자(青瓷)'는 흙을 빚어서 높은 온도로 구운, 푸른 빛깔의 그릇으로, 고려청자도 이에 해당한다.

4 ⑤
'청출어람(青出於藍)'은 '푸른색의 풀인 쪽에서 뽑아낸 물감이 쪽보다 더 푸르다.'라는 뜻으로, 스승에게 배운 제자가 가르친 스승보다 나음을 표현할 때 쓰인다.

글 쓰며 표현⑦높여요

본문 55쪽

예시 우리나라에는 아름다운 산과 바다가 많아. 지역 곳곳에서 수풀이 우거진 청산을 감상할 수 있고, 청록색에 가까운 바다의 경치도 볼 수 있어. 나와 함께 가 볼래?

12 흰 백(白)

본문 57쪽

○ '흰 백(白)'이 들어간 어휘

1 백군(白軍)
- ☑ 단체 경기에서 색깔로 편을 가를 때 흰 쪽 편.
- ☐ 단체 경기에서 사람 수로 편을 가를 때 많은 쪽 편.

2 백조(白鳥)
- ☑ 희고 큰 몸을 지닌 오릿과의 물새.
- ☐ 까맣고 작은 몸을 지닌 오릿과의 물새.

3 흑백(黑白)
- ☐ 모든 색을 아울러 이르는 말.
- ☑ ① 색조가 검은색의 짙고 옅음으로 이루어진 것.
-    ② 검은색과 흰색을 아울러 이르는 말.

4 명백(明白)
- ☐ 행동이나 마음씨가 깨끗함.
- ☑ 의심할 것 없이 아주 뚜렷함.

(문제로 어휘⼒높여요)

본문 58쪽

1 백조
'백조'는 희고 큰 몸을 지닌 오릿과의 물새를 가리키는 말로, '희다'라는 뜻이 담겨 있다.
'황금'은 '노란 빛을 띠는 금'을, '홍삼'은 '수삼을 쪄서 말린 불그레한 빛깔의 인삼'을, '흑마'는 '털빛이 온통 검은 말'을, '상록수' 는 '일 년 내내 푸른빛을 띠는 나무'를 가리킨다.

2 ⑤
〈보기〉는 서로 반대의 뜻인 '큰 대(大)'와 '작을 소(小)'가 묶여서 '대소(大小)'라는 어휘가 된 것을 보여 주고 있다. 이와 같은 관 계의 어휘는 서로 반대의 뜻인 '검을 흑(黑)'과 '흰 백(白)'이 합쳐진 '흑백(黑白)'이다.

3 백화점
'백화점(百貨店)'은 여러 가지 상품을 갖춰 놓고 파는 큰 상점을 의미하는 어휘로, '일백 백(百)'이 쓰였다. '백발(白髮)'은 하얗게 센 머리털을 의미하고, '표백(漂白)'은 빨아서 희게 함을 의미하므로 모두 '흰 백(白)'이 쓰였다.

4 1 백군   2 명백
1 흰 띠를 머리에 단단히 둘러맸다고 했으므로, 단체 경기에서 색깔로 편을 가를 때 흰 쪽 편이라는 의미의 '백군(白軍)'이 들 어가야 한다.
2 그동안 열심히 준비했기 때문에 승리할 것이라고 했으므로, 의심할 것 없이 아주 뚜렷하다는 의미의 '명백(明白)'이 들어가 야 한다.

(글 쓰며 표현⼒높여요)

본문 59쪽

예시 너에게 솔직하게 고백할게. 네가 나보다 다른 친구와 더 친해 보여서 질투가 나서 그랬어. 앞으로는 그러 지 않을게. 모든 일이 명백하게 밝혀졌으니 이제 화해하자. 우리 사이에 공백이 생기지 않았으면 좋겠어.

13 산 산(山)

○ '산 산(山)'이 들어간 어휘

본문 61쪽

1 등산(登山)
- ☑ 산에 오름.
- ☐ 산에서 내려옴.

2 강산(江山)
- ☐ 여러 산이라는 뜻으로, 산줄기를 이르는 말.
- ☑ 강과 산이라는 뜻으로, 자연의 경치를 이르는 말.

3 산사태(山沙汰)
- ☐ 해충으로 산의 나무가 병이 드는 현상.
- ☑ 산의 바윗돌이나 흙이 갑자기 무너져 내리는 현상.

4 산수화(山水畫)
- ☐ 사람들의 생활 모습을 그린 그림.
- ☑ 산과 물이 어우러진 자연의 아름다움을 그린 그림.

문제로 어휘힘 높여요

본문 62쪽

1 山

산을 뜻하는 한자는 '山(산 산)'이다. 나머지 한자는 차례대로 '手(손 수)', '水(물 수)', '心(마음 심)'이다.

2 ③

제시된 두 문장에서 '강산'은 '강과 산'이라는 뜻으로, 자연의 경치를 이르는 말이다.

3 ① 산사태   ② 산수화

① 큰비가 계속 내리자 뒷산의 흙이 마을로 쏟아졌다고 하였으므로, 빈칸에는 큰비나 지진, 화산 등으로 산의 바윗돌이나 흙이 갑자기 무너져 내리는 현상인 '산사태(山沙汰)'가 들어가야 한다.

② 장엄한 자연의 아름다운 풍경을 그리는 것이 유행했다고 하였으므로, 빈칸에는 산과 물이 어우러진 자연의 아름다움을 그린 그림인 '산수화(山水畫)'가 들어가야 한다.

4 등산하는

밑줄 친 부분은 산을 오른다는 의미의 '등산(登山)하는'과 뜻이 비슷하다.

'하산(下山)'은 산에서 내려오거나 내려가는 것을 의미하고, '산책(散策)'은 휴식을 취하거나 건강을 위해서 천천히 걷는 일을 의미한다.

글 쓰며 표현힘 높여요

본문 63쪽

예시 백두산 꼭대기에 호수가 생기기 전의 일이야. 산중호걸이라 하는 호랑이의 생일날이 되어 온갖 짐승들이 모두 모였어. 호랑이의 생일잔치가 얼마나 성대하게 열렸는지 산촌이 들썩거릴 정도였지.

14 풀 초(草)

본문 65쪽

○ '풀 초(草)'가 들어간 어휘

1	초록(草綠)	파랑과 [☑ 노랑 | ☐ 하양]의 중간색. 또는 그런 색의 물감.
2	초원(草原)	풀이 나 있는 [☐ 화단 | ☑ 들판].
3	약초(藥草)	[☑ 약 | ☐ 옷감 | ☐ 식량]으로 쓰는 풀.
4	초식(草食)	주로 [☐ 물 | ☑ 풀 | ☐ 생선]이나 푸성귀만 먹고 삶.

문제로 어휘力 높여요

본문 66쪽

1 ②
'초가(草家)집'은 짚이나 갈대 등의 풀로 지붕을 인 집을 가리키는 말로, '풀'이라는 뜻이 담겨 있다.
① 초보(初步): 처음으로 내딛는 걸음. 또는 무엇을 익힐 때 그 처음 단계나 수준. ③ 초인종(超人鐘): 사람을 부르는 신호로 울리는 종. ④ 초대장(招待狀): 어떤 자리나 모임에 오라는 뜻을 적어서 보내는 편지. ⑤ 초등학교(初等學校): 만 6세부터 6년 동안 이루어지는 기본적인 교육을 하기 위한 학교.

2 초록
첫 번째 문장의 빈칸에는 '풀 초(草)'가 들어간 색깔을 나타내는 어휘인 '초록'이 들어가야 한다. 두 번째 문장의 속담은 '초록은 동색'으로, '풀색과 녹색은 같은 색.'을 의미하며 처지가 같은 사람들끼리 같은 편이 되는 경우를 비유적으로 표현할 때 쓰이는 말이다.

3 약초(藥草)
친구들은 풀의 한 종류로, 상처를 치료할 때 쓰이기도 하고, 오래전부터 민간요법으로 사용되기도 한 것에 대해 이야기하고 있다. 제시된 어휘 중 '약초(藥草)'는 약으로 쓰이는 풀을 가리키는 말이므로 친구들의 설명에 해당하는 어휘이다.
'잡초(雜草)'는 가꾸지 않아도 저절로 나서 자라는 여러 가지 풀을 가리킨다.

4 1 초원 2 초식
1 '초원(草原)'은 풀이 나 있는 들판을 말하므로, 양들이 풀을 먹고 있는 공간으로 적절하다.
2 '초식(草食)'은 주로 풀이나 푸성귀만 먹고 삶을 말하므로, 먹이의 종류에 따라 동물을 나눌 수 있는 기준으로 적절하다.

글 쓰며 표현力 높여요

본문 67쪽

예시 수목원에 온 친구들, 환영합니다. 우리 수목원은 초목이 무성하여 시원한 쉼터가 많으니, 여름철 무더위를 식힐 수 있을 거예요. 이제 저와 함께 초록빛 가득한 숲으로 들어가 볼까요?

15 꽃 화(花)

○ '꽃 화(花)'가 들어간 어휘 본문 69쪽

1 **화단(花壇)**
- ☐ 꽃을 아름답게 꾸며 파는 가게.
- ☑ 꽃을 심으려고 흙을 높게 하여 꾸며 놓은 꽃밭.

2 **화분(花盆)**
- ☑ 꽃을 심어 가꾸는 그릇.
- ☐ 꽃으로 무늬를 내어 만든 그릇.

3 **화초(花草)**
- ☐ 가꾸지 않아도 저절로 나서 자라는 풀.
- ☑ 꽃이 피는 풀과 나무. 또는 관상용으로 키우는 식물.

4 **무궁화(無窮花)**
- ☐ 우리나라에서 피는 모든 꽃.
- ☑ 아욱과의 낙엽 활엽 관목으로 우리나라를 대표하는 꽃.

(문제로 어휘力높여요) 본문 70쪽

1 무궁화
'무궁화(無窮花)'는 우리나라를 대표하는 꽃으로, '화' 자에 꽃을 뜻하는 한자 '花'가 쓰였다. '화요일'에는 '불 화(火)'가 쓰였고, '수채화'에는 '그림 화(畫)'가 쓰였다.

2   **1** 화초   **2** 화분   **3** 화단
1 '화초(花草)'는 꽃이 피는 풀과 나무를 의미하므로, 수목원의 온실에 심어져 있는 것으로 적절하다.
2 '화분(花盆)'은 꽃을 심어 가꾸는 그릇을 의미하므로, 나팔꽃 씨를 심을 수 있는 것으로 적절하다.
3 '화단(花壇)'은 꽃을 심으려고 흙을 높게 하여 꾸며 놓은 꽃밭을 의미하므로, 작은 돌을 쌓아 만들고 꽃을 심는 상황에 적절하다.

3   **1** ㉡   **2** ㉠
'생화(生花)'는 '날 생(生)'과 '꽃 화(花)'를 써서 살아 있는 풀이나 나무에서 얻은 진짜 꽃을 가리킨다. '조화(造花)'는 '지을 조(造)'와 '꽃 화(花)'를 써서 종이, 천, 비닐 등을 재료로 하여 인공적으로 만든 꽃을 가리킨다.

4 화(花)
'개화(開花)'는 '풀이나 나무의 꽃이 핌.'을 뜻하는 어휘이고, '낙화(落花)'는 '떨어진 꽃. 또는 꽃이 떨어짐.'을 뜻하는 어휘이다.

(글 쓰며 표현力높여요) 본문 71쪽

예시 집에서 답답해할 너를 위해 개화한 벚꽃 사진을 보내. 이 꽃 사진을 보고 네가 활짝 웃었으면 좋겠어. 힘내! 네 다리가 다 나으면 예쁜 화초를 보러 식물원에 함께 가자.

독해로 마무리해요

본문 72쪽

1 숲

글쓴이는 자신의 숲 체험 이야기를 통해 숲의 아름다움을 전달하고 있다.

2 ⑤

글쓴이는 숲 체험 전에는 숲을 낯설고, 무섭게 느꼈다. 그러다 어제 아빠의 안내를 받으며 숲의 아름다움을 온몸으로 느끼고 나서 숲에 대한 생각이 달라졌다고 하였다.

놀이로 정리해요

본문 73쪽

◉ 뜻풀이에 해당하는 어휘를 골라 퍼즐을 맞춰 보세요.

동쪽 동(東)

본문 75쪽

○ '동쪽 동(東)'이 들어간 어휘

1 동풍(東風)
- [ ] 서쪽에서 부는 바람.
- [✓] 동쪽에서 부는 바람.

2 동해(東海)
- [ ] 동쪽에 있는 땅.
- [✓] 동쪽에 있는 바다.

3 동대문(東大門)
- [✓] 조선 시대에 만든 서울 동쪽의 큰 성문.
- [ ] 조선 시대에 만든 서울 남쪽의 작은 성문.

4 동서양(東西洋)
- [✓] 동양과 서양을 아울러 이르는 말.
- [ ] 동쪽, 서쪽, 남쪽, 북쪽의 모든 방향을 이르는 말.

(문제로 **어휘**力 높여요

본문 76쪽

1 東

해가 떠오르는 쪽이면서 '서쪽'의 반대쪽은 '동쪽'이므로, 설명에 해당하는 한자는 '東(동쪽 동)'이다.
다른 한자는 '西(서쪽 서)', '南(남쪽 남)', '北(북쪽 북)'이다.

2 동해

지은이는 '동쪽에 있는 바다'를 보러 간다고 했으므로, 밑줄 친 곳과 바꾸어 쓸 수 있는 어휘는 '동쪽 동(東)', '바다 해(海)'가 쓰인 '동해'이다.

3 ②

동양과 서양을 아울러 이르는 말은 '동서양(東西洋)'이다.
① 한국(韓國): 아시아 대륙 동쪽에 있는 우리나라의 이름. ③ 동양인(東洋人): 동양 사람. ④ 서양인(西洋人): 서양 사람. ⑤ 동서남북(東西南北): 동쪽, 서쪽, 남쪽, 북쪽이라는 뜻으로, 모든 방향을 이르는 말.

4 **1** 동풍   **2** 동대문

1 바람이 동쪽에서 불어오고 있다고 했으므로, 빈칸에는 '동쪽에서 부는 바람.'을 의미하는 '동풍(東風)'이 들어갈 수 있다.
2 서울의 동쪽에 있는 큰 성문이고, 흥인지문이라고도 한다고 했으므로, 빈칸에는 '동대문(東大門)'이 들어갈 수 있다.

(글 쓰며 **표현**力 높여요

본문 77쪽

예시 우리나라에는 동대문이라는 문이 있는데, 알고 있니? 나는 이 동대문이 동서양을 통틀어 가장 아름다운 문이라고 생각해. 너도 꼭 직접 보았으면 좋겠다.

17 북쪽 북(北)

본문 79쪽

○ '북쪽 북(北)'이 들어간 어휘

1	북극(北極)	지구의 가장 [☐ 남쪽	✓ 북쪽]이 되는 지점.
2	북상(北上)	북쪽을 향하여 [✓ 올라감	☐ 내려감].
3	북한(北韓)	남북으로 분단된 대한민국의 휴전선 [☐ 남쪽	✓ 북쪽] 지역.
4	북두칠성(北斗七星)	북쪽 하늘에 국자 모양으로 뚜렷하게 빛나는 [☐ 두 개	✓ 일곱 개]의 별.

문제로 어휘力 높여요

본문 80쪽

1 北
남쪽과 반대인 방향은 북쪽이므로, 설명에 해당하는 한자는 '北(북쪽 북)'이다.
'東(동)'은 '동쪽', '西(서)'는 '서쪽', '南(남)'은 '남쪽'을 뜻한다.

2 ① 극 ② 상
① 빈칸에는 지구의 가장 북쪽이 되는 지점을 뜻하는 '북극(北極)'의 '극'이 들어가야 한다.
② 빈칸에는 북쪽을 향하여 올라감을 뜻하는 '북상(北上)'의 '상'이 들어가야 한다.

3 ④
'남한(南韓)'과 뜻이 반대되는 어휘는 '남북으로 분단된 대한민국의 휴전선 북쪽 지역.'을 뜻하는 '북한(北韓)'이다.
① 기한(期限): 미리 한정하여 놓은 시기. ② 남북(南北): 남쪽과 북쪽을 아울러 이르는 말. ③ 북촌(北村): 북쪽에 있는 마을.
⑤ 북한산(北漢山): 서울특별시의 북부와 경기도 고양시 사이에 있는 산.

4 북두칠성
'북쪽 하늘에 국자 모양으로 뚜렷하게 빛나는 일곱 개의 별.'을 뜻하는 것은 '북두칠성(北斗七星)'이다.

글 쓰며 표현力 높여요

본문 81쪽

예시 시청자 여러분, 안녕하십니까? 마감 뉴스입니다. 오늘은 북두칠성을 가장 선명하게 볼 수 있는 날이라고
합니다. 현장에 나가 있는 기자가 직접 북한산에 올라가 그 모습을 담아 왔습니다. 함께 보시죠.

18 바를 정(正)

본문 83쪽

○ '바를 정(正)'이 들어간 어휘

1 **공정**(公正)
- ☑ 공평하고 올바름.
- ☐ 잘못된 것을 고쳐서 바로잡음.

2 **정답**(正答)
- ☑ 옳은 답.
- ☐ 잘못된 답.

3 **정직**(正直)
- ☐ 사실이 아닌 것을 사실처럼 꾸밈.
- ☑ 마음에 거짓이나 꾸밈이 없이 바르고 곧음.

4 **정삼각형**(正三角形)
- ☐ 밑변이 위로, 꼭짓점이 아래로 간 삼각형.
- ☑ 세 변의 길이와 세 각의 크기가 모두 같은 삼각형.

문제로 **어휘**力 높여요

본문 84쪽

1 **바르다**
'정답(正答)'은 '옳은 답.'을 뜻하고, '정직(正直)'은 '마음에 거짓이나 꾸밈이 없이 바르고 곧음.'을 뜻한다. 그러므로 밑줄 친 '정(正)'은 모두 '바르다'라는 뜻으로 쓰였다.

2 **세 변, 같은**

3 **③**
심판은 정해진 규칙에 따라 판정하려고 노력했다고 하였으므로, 빈칸에는 '공평하고 올바름.'을 의미하는 '공정(公正)'이 들어가는 것이 가장 적절하다.
① 가정(假定): 사실이 아니거나 분명하지 않은 것을 임시로 인정함. ② 감정(感情): 어떤 현상이나 일에 대하여 일어나는 마음이나 느끼는 기분. ④ 부정(不正): 옳지 못함. ⑤ 표정(表情): 마음속에 품은 감정이나 정서 따위의 심리 상태가 겉으로 드러남.

4 **지현**
'정직(正直)'은 '마음에 거짓이나 꾸밈이 없이 바르고 곧음.'을 뜻한다. '재성'과 '시원'은 사실이 아닌 것을 사실처럼 꾸며 내었지만, '지현'은 남을 속이지 않고 정직하게 돈을 돌려주었으므로 정직하게 행동한 사람은 '지현'이다.

글 쓰며 **표현**力 높여요

본문 85쪽

예시 저는 이번 대회에서 꼭 1등을 하고 싶습니다. 정직하게 참여하고, 정답을 정확하게 적어서 정정당당하게 우승할 것입니다.

평평할 평(平)

○ '평평할 평(平)'이 들어간 어휘

본문 87쪽

1	**수평**(水平)	[☐ 기울어 있고 울퉁불퉁한 l ☑ 기울지 않고 평평한] 상태.
2	**평등**(平等)	권리, 의무, 자격 등이 모든 사람에게 [☑ 똑같음 l ☐ 다름].
3	**평소**(平素)	특별한 일이 [☐ 있는 날 l ☑ 없는 보통 때].
4	**평야**(平野)	평평하고 아주 넓은 [☑ 들 l ☐ 바다].

(문제로 어휘力 높여요

본문 88쪽

1 수평

사진이 기울지 않게 하려면 사진기를 평평하게 해야 한다. 그러므로 괄호 안에는 '기울지 않고 평평한 상태.'를 의미하는 '수평(水平)'이 들어가는 것이 알맞다.

2 ③

평평하고 아주 넓은 들을 의미하는 것은 '평야(平野)'이다.
① 불평(不平): 마음에 들지 아니하여 못마땅하게 여김. ② 평생(平生): 세상에 태어나서 죽을 때까지의 동안. ④ 평일(平日): 토요일, 일요일, 공휴일이 아닌 보통 날. ⑤ 평화(平和): 평온하고 화목함.

3 **1** 수   **2** 등

1 '기울지 않고 평평한 상태.'를 의미하는 어휘는 '수평(水平)'이다.
2 '권리, 의무, 자격 등이 모든 사람에게 똑같음.'을 의미하는 어휘는 '평등(平等)'이다.

4 평소

초성이 'ㅍ'과 'ㅅ'이면서 '평(平)' 자를 쓴 어휘로는 '특별한 일이 없는 보통 때.'를 의미하는 '평소(平素)'가 가장 적절하다.

(글 쓰며 표현力 높여요

본문 89쪽

예시 저를 반장으로 뽑아 주신다면, 평소에 친구들의 고민에 귀를 기울이겠습니다. 특히 서로 다툰 친구들이 있다면 제가 화해하도록 도와서 평화로운 분위기를 만들겠습니다.

20 모/방향 방(方)

○ '모/방향 방(方)'이 들어간 어휘
본문 91쪽

1 **방법**(方法)
- ✓ 무엇을 하기 위한 방식이나 수단.
- ☐ 남의 일을 간섭하고 막아 해를 끼침.

2 **방향**(方向)
- ✓ 무엇이 나아가거나 향하는 쪽.
- ☐ 물체가 나아가거나 일이 진행되는 빠르기.

3 **사방**(四方)
- ☐ 동, 서의 두 방위를 통틀어 이르는 말.
- ✓ 동, 서, 남, 북의 네 방위를 통틀어 이르는 말.

4 **지방**(地方)
- ☐ 땅속이나 땅속을 파고 만든 건물의 공간.
- ✓ 지형의 특징이나 일정한 기준에 따라 나눈 땅.

문제로 어휘⑦높여요
본문 92쪽

1 方
구석이나 모퉁이, 네모진 부분을 나타내거나 방향을 뜻하는 한자는 '方(모 방)'이다. '古(고)'는 '옛날', '五(오)'는 '다섯', '六(륙)'은 '여섯'을 뜻한다.

2 지방

3 사방이
동, 서, 남, 북의 네 방위를 통틀어 이르는 말은 '사방(四方)'이므로 이와 바꾸어 쓸 수 있다.
'전방(前方)'은 앞쪽을 의미하고, '방식(方式)'은 일정한 방법이나 형식을 의미한다.

4 ②
제시된 내용은 계란말이를 만드는 방식에 대한 설명이므로, 빈칸에는 '무엇을 하기 위한 방식이나 수단.'을 의미하는 '방법(方法)'이 들어갈 수 있다.
① 방문(訪問): 어떤 사람이나 장소를 찾아가서 만나거나 봄, ③ 방학(放學): 일정 기간 수업을 쉬는 일, ④ 예방(豫防): 질병이나 재해 따위가 일어나기 전에 미리 대처하여 막는 일, ⑤ 주방(廚房): 음식을 만들거나 차리는 방.

글 쓰며 표현⑦높여요
본문 93쪽

예시 횡단보도를 건널 때에는 양쪽 방향을 잘 살펴보며 차가 달려오지 않는지 확인하는 것이 가장 중요해. 위험하게 운전하는 차가 금방 나타나기도 하니까 항상 조심하도록 해.

16~20 독해 / 놀이

독해로 마무리해요
본문 94쪽

1 편지
이 글의 내용과 형식으로 보아, 이사 간 서하가 친구 연희에게 보내는 편지임을 알 수 있다.

2 ⑤
편지의 마지막 부분에서 서하가 연희에게 우리 집에 오는 방법을 자세히 설명해 줄 테니 방학하면 놀러 와 달라고 이야기하고 있다. 그러므로 연희가 이사 간 서하네 집에 와 본 적이 있다고 보기는 어렵다.

놀이로 정리해요
본문 95쪽

도토리에 적힌 한자가 쓰인 어휘를 골라 미로를 탈출해 보세요.

127

1　■① ④
①目 ②鼻 ③身

　■② ④
①前 ②後 ③止

2　■① ③
①열 십 ②흙 토 ④성품 성

　■② ④
①불 화 ②옛 고 ③쓸 고

3　■① ①
江(강 강) + 山(산 산): 강과 산이라는 뜻으로, 자연의 경치를 이르는 말.

　■② ③
正(바를 정) + 直(곧을 직): 마음에 거짓이나 꾸밈이 없이 바르고 곧음.

4　■① ②
黑(검을 흑) + 白(흰 백): 검은색과 흰색을 아울러 이르는 말.

　■② ③
安(편안할 안) + 心(마음 심): 모든 걱정을 떨쳐 버리고 마음을 편히 가짐.

5　■① ②
拍(칠 박) + 手(손 수): 기쁨, 찬성, 환영을 나타내거나 장단을 맞추려고 두 손뼉을 마주침.

　■② ③
保(지킬 보) + 健(굳셀 건) + 室(집 실): 학교나 회사에서 사람들의 건강에 관한 일을 맡아보는 곳.

6　①
② 초원 ③ 약초 ④ 육식

7　④
耳(귀 이) + 目(눈 목) + 口(입 구) + 鼻(코 비): 귀·눈·입·코를 아울러 이르는 말.

8　③
'男(사내 남)'은 동, 서, 남, 북의 방향을 나타내지 않는다.
① 동쪽 동 ② 서쪽 서 ④ 북쪽 북

9　②
• 方(모 방) + 向(향할 향): 무엇이 나아가거나 향하는 쪽.
• 地(땅 지) + 方(모 방): 지형의 특징이나 일정한 기준에 따라 나눈 땅.
• 四(넷 사) + 方(모 방): 동, 서, 남, 북의 네 방위를 통틀어 이르는 말.
① 입 구 ③ 바를 정 ④ 힘 력